W0045302

beck **sche**
reihe

b **sr**

Die meisten Töchter wollen nicht werden wie ihre Mutter. Bloß nicht! Mütter genießen in unserer Gesellschaft keine besondere Wertschätzung. Im Extremfall verzichten Töchter deshalb sogar auf eigene Kinder. Doch die Ablehnung der Mütter lässt die Töchter den Kontakt zu sich selbst verlieren. Nur über die Rehabilitierung der eigenen Mutter finden die Töchter zu sich selbst und zu einer kraftvollen eigenen weiblichen Identität. Töchter sollten daher wissen, was ihren Müttern widerfahren ist, was sie an den Rand gedrängt hat – der Lebensweg der Mutter ist für die Tochter wichtig.

Auch für die Mutter ist die Beziehung zur Tochter in vielen Fällen problematisch. Auf die Zurückweisung der Tochter reagieren viele Mütter mit umso intensiveren Forderungen nach Zuwendung und Aufmerksamkeit – die Spirale der Ablehnung dreht sich weiter. Erst wenn es Mutter und Tochter gelingt, offen über die ambivalenten Gefühle zu sprechen, kann sich eine unbeschwerte, kraftvolle und für beide beglückende Beziehung entfalten.

Die Bestsellerautorin Julia Onken gibt hier eine bewegende Anleitung, wie Frauen ihr Tochtersein akzeptieren und – gegebenenfalls – eine neue Mütterlichkeit entwickeln können.

*Julia Onken* ist diplomierte Psychologin, Psychotherapeutin, Leiterin des Frauenseminars Bodensee, Dozentin in der Erwachsenenbildung, eine gesuchte Rednerin und vielfache Buchautorin.

Informationen über Vorträge und Seminare der Autorin zum Thema Mutter-Tochter-Beziehung:
Frauenseminar Bodensee, Postfach 226, Bahnhofstraße 4, CH-8590 Romanshorn, Tel.: 0041(0)714110404; e-mail: Sekretariat@frauenseminar-bodensee.ch; www.frauenseminar-bodensee.ch

Julia Onken

*Rabentöchter –*

*weshalb ich meine Mutter
trotzdem liebe*

Verlag C. H. Beck

Originalausgabe

© Verlag C. H. Beck oHG, München 2011
Satz, Druck u. Bindung: Druckerei C.H. Beck, Nördlingen
Umschlagentwurf: Geviert-Büro für Kommunikationsdesign München
Umschlagabbildung: Bilderrahmen © Mike Kemp/getty;
ältere Frau © Jose Luis Pelaez/getty
Gedruckt auf säurefreiem, alterungsbeständigem Papier
(hergestellt aus chlorfrei gebleichtem Zellstoff)
Printed in Germany / ISBN 978 3 406 61338 8

*www.beck.de*

# Inhalt

## 1

*Mutter, ich trage Dich wie eine Wunde*
*auf meiner Stirn ...*

Es war im Herbst. Die Mutter starb kurz vor der Mittagspause. Ich hatte im Frauenseminar Bodensee die letzten Worte zur Beurteilung einer Prüfung ausgesprochen. Da erschien die Sekretärin mit ernstem Gesichtsausdruck, um mir die Nachricht vom Tod meiner Mutter zu überbringen. Er kam nicht überraschend. Die ganze letzte Nacht hatte ich an ihrem Bett verbracht und geahnt, dass es nicht mehr lange dauern würde. Jetzt fuhr ich rasch ins Altersheim, traf mich mit meiner Schwester, um die weiteren Schritte zu besprechen.

Um 14 Uhr kehrte ich pünktlich zurück und nahm die nächste Prüfung ab. Den Abend verbrachte ich bei meiner Schwester und ihrer Familie. Irgendwie waren wir trotz allem froh darüber, dass sich das Sterben nicht qualvoll hingezogen hatte. Unsere Mutter hatte ein langes Leben gehabt, ein schweres Schicksal. Und nun kam der Tod beinahe sanft und freundlich. Ich atmete erleichtert auf.

Aber ich fürchtete mich auch vor der Nacht. Allein im Haus, den Gedanken, Bildern, Erinnerungen an die Mutter ausgeliefert. Ich fragte meine älteste Tochter, ob sie eventuell bei mir übernachten könne, was sie aber vehement ablehnte. Meine Mutter hatte mich gebeten, ihren Nachruf zu schreiben, was ich ihr vor ihrem Tode zugesichert hatte. Auch ihre zögerlich vorgebrachte Bitte, eine «gewisse Angelegenheit» unerwähnt zu lassen, wollte ich berücksichtigen. Selbstverständlich. Ich wusste, was sie meinte, und wollte ihr diesen Gefallen erweisen.

So saß ich also in der Todesnacht allein im Haus vor meinem Computer, einerseits etwas bange und leicht verunsichert, andererseits aber bemühte ich mich, wachsam über die eigenen Schultern zu schauen, ja beinahe neugierig, was sich nun in den nächsten Stunden ereignen würde. Ich war auf alles gefasst.

Ich verfasste einen kurzen Text über das Leben meiner Mutter, drechselte an der Reihenfolge der Ereignisse in ihrem Lebenslauf herum, beschönigte hier etwas, glich dort etwas aus, vor allem umging ich die «gewisse Angelegenheit», indem ich die biografischen Daten leicht veränderte, damit am Schluss alles irgendwie wieder zusammenpasste.

Es war eine lange Nacht. Gegen Mitternacht klopften ein paar Regentropfen an die kleinen Dachfenster. Später wurde mir kalt, und ich ging in den Keller, um nachzusehen, ob die Heizung noch funktionierte. Am Abend zuvor, ich wollte mich gerade umziehen, um mich für die Nachtwache bei der Mutter herzurichten, hatte es eine kleine Explosion im Heizungsraum gegeben. Auch das noch, hatte ich gedacht, da drang auch schon Wasser durch den Gang. Inzwischen war der Schaden behoben, und die Heizung funktionierte.

Ich fröstelte trotzdem. Nun war also meine Mutter tot. Eine komplizierte und zum Teil quälende Beziehung war beendet. Die letzten Jahre waren vom Bemühen geprägt gewesen, einigermaßen miteinander zurechtzukommen, wenngleich die Versuche mehr oder weniger von schweigendem Groll überschattet waren. Das war nicht immer so gewesen.

Wir hatten auch eine gute Zeit miteinander, zunächst. Ich liebte sie. Sie stand im Mittelpunkt für mich. Sie war meine

Königin, und ich war ihre Prinzessin. Wenn ich ins Zimmer eintrat, ging auf ihrem Gesicht die Sonne auf. Alle meine Gedanken drehten sich nur um sie. Wenn es ihr schlecht ging, ging es mir ebenfalls schlecht, und ich überlegte, wie ich sie wieder froh und heiter stimmen konnte. Wenn es ihr gut ging, fühlte auch ich mich wohl und glücklich.

In der Pubertät änderte sich das innige Verhältnis schlagartig. Sie ging mir auf die Nerven, ich konnte ihre Art einfach nicht mehr ertragen, mehr noch, ich dachte, so eine Frau, wie meine Mutter ist, möchte ich nie werden. Und in mir bildete sich ein Kernsatz, den ich immer wieder vor mich hersagte: Frausein ist eine ziemlich beschissene Sache. Ich versuchte oft recht ruppig, mir ihre Zuneigung vom Leib zu halten, sie aber blieb mir stets dicht auf den Fersen, verrichtete pausenlos tausend Liebesdienste, die mir zum Teil nicht ungelegen kamen, mich aber gleichzeitig auch ärgerten. Es war keine gute Zeit, und ich dachte oft darüber nach, wie ich aus dieser miesen familiären Inszenierung wieder herauskommen könnte. Ich wählte den Weg in die Opposition, den viele Jugendliche gehen, um gegen alles zu rebellieren. Äußerlich verunstaltete ich mich derart, dass keinerlei Ähnlichkeit mit ihr mehr erkennbar war. Sie hielt dennoch zu mir, nein, mehr noch, sie war zwar nicht gerade stolz auf mich, aber irgendwie genoss sie dennoch meinen Aufstand. Wenn es um irgendwelche modischen oder gar ausgefallenen Anschaffungen ging, unterstützte sie mich, wie sie nur konnte. Da sie in einer Textilfabrik arbeitete und dafür zuständig war, die Prototypen der Modelle zu nähen, kam sie auch als Erste mit den neuesten Trends in Berührung. Zu meinem 14. Geburtstag schenkte sie mir prompt ein wunderschönes zyklamenrotes Sackkleid, das ich mit großem Vergnügen trug und dabei viel Aufsehen erregte.

Die ersten Liebesabenteuer versuchte sie zu überwachen, aber ich floh stets vor ihr. Doch die Flucht gelang mir nicht wirklich. Wenn ich mich mit einem Jungen traf, musste ich an sie denken. Wenn ich irgendwo in einem Gebüsch herumknutschte, war sie in meinen Gedanken stets mit dabei. Je mehr ich versuchte, sie aus meinem Kopf zu verbannen, umso hartnäckiger nistete sie sich in mir ein. Gleichzeitig fühlte ich mich schlecht. Es war ein ständiges Hin und Her zwischen dem Drang, mich von ihr abzugrenzen, und einem schlechten Gewissen, das mir oft genug das ganze Leben versalzte. Schließlich ist sie meine Mutter, sagte ich mir, aber bevor ich den Satz zu Ende gedacht hatte, meldeten sich eine unbändige Auflehnung und die Sehnsucht, einfach ich selbst zu sein. In meiner Not kaufte ich mir ein Tagebuch und schrieb mit einem Mont-Blanc-Füllfederhalter mit der Federspitze BBB (das sind die ganz breiten) über Seiten «ich hasse sie, ich hasse sie, ich hasse sie …» und auf den nächsten Seiten «es tut mir leid, es tut mir leid, es tut mir leid …» und ganz klein am Rand mit Bleistift «ich liebe sie». Obwohl das Tagebuch abgeschlossen war, gelang es meiner Mutter, es zu öffnen und zu lesen. Das war der Tag, an dem ich auch noch begann, sie zu verachten. Dazwischen funkte immer wieder etwas, was sich wie Zuneigung anfühlte, bei dem ich mir aber nicht sicher war, ob es doch einfach nur Pflichtgefühl war.

Am besten ging es mir mit ihr, wenn ich nicht mit ihr alleine sein musste, wenn es irgendeinen Freund, eine Freundin gab, die sich als Pufferzone zwischen mich und meine Mutter schob. Ich war ihr dann nicht mit Haut und Haaren ausgeliefert und konnte mich im Windschatten der anderen Person aufhalten. Gleichzeitig gab es jemanden, der sich um meine Mutter kümmerte, und dies nicht ungern. Denn meine Mutter war bei anderen als Gesprächspartnerin sehr beliebt.

Als ich dann selbst Mutter wurde und Kinder bekam, wurde es nochmals komplizierter. Eines war klar, so eine Mutter wie sie wollte ich nie werden. Und ich versuchte eigentlich, alles anders zu machen als sie, denn ich wollte unter keinen Umständen in ihre Fußstapfen treten. Der Aufbruch der 68er unterstützte mich darin, sie immer wieder mit kleineren oder größeren Schockerlebnissen außer Gefecht zu setzen. Mit meinem Erziehungsstil nach der antiautoritären Methode verschlug es ihr beinahe den Atem. Dann aber war sie mir wieder eine unentbehrliche Hilfe bei der Betreuung, und es kümmerte mich keineswegs, wenn sie von den Kindern Verhaltensweisen forderte, die aus dem autoritären Lager stammten. Schließlich war sie der Garant dafür, dass ich mich auch mal für einige Tage oder gar Wochen aus dem anstrengenden Familienbetrieb absetzen konnte.

Im späteren Erwachsenenalter pendelte ich weiterhin zwischen verdeckter Zuneigung und offen bezeugter Ablehnung hin und her, je nachdem, in welcher Verfassung ich mich selbst befand. Es gibt wohl kein Gefühl, keine Empfindungsart, die ich nicht bestens kannte. Die ganze Palette von Zuneigung, ja gelegentlich gar Sehnsucht nach ihr, über Mitleid und Mitgefühl für ihre Situation bis zum Gefühl des peinlichen Berührtseins durchlebte ich im ständigen Wechsel. Oft aber schämte ich mich einfach für sie und hätte alles darum gegeben, sie vom Erdboden verschwinden zu lassen. Quälende Schuldgefühle verfolgten mich, überschatteten mein ganzes Leben. Sie veranlassten mich dazu, für sie überschwänglich Geschenke zu kaufen, vor allem schöne Kleider, Seidenblusen in Lila, Altrosa und Crème mit dem jeweils farblich dazu passenden Rock, die sie prompt mit der Erklärung zurückwies «das alles ist viel zu schön für mich». Das ärgerte mich maßlos und veranlasste mich dazu, mich über Wochen aus dem Kontakt abzumelden, was sie wiederum zutiefst verletzte und mir bei der erstbesten Gelegenheit vorwurfsvoll aufs Brot schmierte. Ein Teufelskreis.

Meine Schwester und ich versuchten, die Zeit bis zur Übersiedlung ins Altersheim so lange wie möglich hinauszuzögern. Sie übernahm den Einkauf, begleitete sie bei ihren Besorgungen, und von mir wurde natürlich auch eine entsprechende Dienstleistung erwartet. Da aber alles, was mit Haushalt zu tun hat, noch nie meine Domäne war, sorgte ich dafür, dass sich meine Haushaltshilfe auch um ihren Haushalt kümmerte. Dies hat sie mir – samt meiner Schwester – sehr übel genommen. Ich hörte eigentlich nur Klagen, es würde schlampig gearbeitet und nicht sauber geputzt. Die Kritik, die meine Mutter an meiner Haushaltshilfe übte, galt eigentlich mir. Sie wollte mich erpresserisch dazu zwingen, selbst ihren Haushalt zu machen. Das fand ich dann doch zu viel.

Auf dieser Ebene focht ich mit meiner Mutter eine alte Fehde aus. Zu ihrem Frauenbild gehörte die Fähigkeit, einen ordentlichen Haushalt zu führen. Sie selbst war darin perfekt, obwohl sie berufstätig war. Sie ging morgens um 6 Uhr aus dem Haus, in die Fabrik, kam mittags um 11 Uhr wieder heim, kochte, ging um 13.30 Uhr wieder in die Fabrik, kam abends um 18 Uhr nach Hause und setzte sich nach dem Nachtessen nochmals an die Nähmaschine und erledigte Heimarbeit. Gut, damals in meinen Kinderjahren waren es für mich schöne abendliche Feststunden, ich saß mit ihr zusammen und schnitt die Fäden ab, erzählte ihr alles, was ich über den Tag erlebt und gedacht hatte, und da sie eine gute Zuhörerin war, hatte ich stets das Gefühl, alles, was ich denke und erzähle, ist bedeutungsvoll.

Nebenbei bemerkt, dieses Gefühl hat mich bis zum heutigen Tag nicht mehr verlassen. Ich schätze es als mein mütterliches Kapital, das unantastbar in mir ist und mich schon oft schwierige Situationen überstehen ließ. Da meine Mutter sehr geschickt in Handarbeiten war, lernte ich dies ebenfalls von ihr. Auch das ist etwas, was mich bis heute begleitet. Ich sticke leidenschaftlich nach Bildvorlagen aus dem 17. Jahrhundert Motive und arbeite oft über mehrere Jahre hinweg an einem Wandteppich.

Die berufliche Belastung meiner Mutter war groß, es gab auch keine Ferien, damals war es üblich, einfach rund um das Jahr zu arbeiten, im Krankheitsfall – was bei ihr so gut wie nie vorkam – wurde man nicht bezahlt. Sie arbeitete von Montag bis Freitag. Am Samstag wurde der Haushalt auf den Kopf gestellt, geputzt, geschrubbt, gebohnert, geklopft, geglänzt, getrimmt, Möbel herumgestemmt. Ich hasste dies alles und sah vor allem den Aufwand nicht ein. Der Versuch, mich ebenfalls dafür einzuspannen, scheiterte, und ich schwor, mir niemals mit derartigem Tun das Leben zu vermiesen. Alle sechs Wochen wurde in der Waschküche mit Holz ein großer Zuber aufgeheizt, darin Wäsche gekocht und getreten, alles im Freien aufgehängt, am Sonntag gebügelt, am Montag ging sie wieder in die Fabrik.

Dazu kam vor allem am Sonntag die Kocherei. Bereits um 10 Uhr begann sie damit, flankiert und mit brennendem Interesse unterstützt von meiner Schwester. Es dampfte und zischte und brodelte und roch durchs ganze Haus, ich war als Zudienerin für Zwiebelschneiden und «hol dies» und «hol das» vorgesehen. Aber ich streikte konsequent, was nicht einfach war, da die beiden Köchinnen mich zu ködern versuchten, mir einredeten, wie schön die Arbeit doch sei. Irgendwann ließ sich meine Mutter zu dem Satz hinreißen: Wenn du nicht kochen kannst, wirst du nie eine richtige Frau. Meine Antwort kam wie aus der Pistole geschossen: Dann verzichte ich eben darauf. An diesem Tag beschloss ich, zukünftig sonntags auf das Essen am

Mittagstisch zu verzichten, damit mir keinerlei Dienste mehr angehängt werden konnten. Ich verpflegte mich mit dem, was ich im Garten fand, oder schlich gegen 15 Uhr zum Kiosk in der Nähe und kaufte mir etwas Süßes.

Die Zeit an ihrem Lebensende im Altersheim verlief nicht viel besser. Meine Schwester besuchte sie täglich, aber das war für meine Mutter nicht genug. Sie erwartete den gleichen Einsatz von meiner Seite. Obwohl ich ganz in der Nähe wohnte, war ich dazu nicht in der Lage. Wenn ich mich dem Altersheim näherte, bekam ich schon Magenkrämpfe. So engagierte ich mich vor allem im Hintergrund für sie, kümmerte mich um ihre Finanzen und setzte mich vor allem für sie ein, als es einmal eine Auseinandersetzung mit der Heimleitung gab. Meine Mutter hatte eine sehr schöne Beziehung zu einem anderen Heimbewohner. Sie verbrachten jeden Tag miteinander, besuchten sich gegenseitig im Zimmer, wenn einer der beiden z. B. unpässlich war und im Bett bleiben musste. Weil es sich um einen Mann handelte, war das der Heimleitung ein Dorn im Auge, und sie beauftragten mich, meiner Mutter beizubringen, dass dies nicht erlaubt sei. Ich hatte aber bereits im Vorfeld den Braten gerochen und mit dem Sohn des Mannes Kontakt aufgenommen, um zu klären, wie er das sehe. So trabte ich dann eines Tages bei der Heimleitung an und erklärte auch im Namen der Angehörigen des Mannes, dass wir alle größten Wert darauf legten, dass die beiden sich jederzeit besuchen dürften. Mehr noch, falls sie selbst dazu nicht in der Lage wären, müsse das Pflegepersonal dafür sorgen. Das gab mir wenigstens das gute Gefühl, doch noch etwas Gutes für meine Mutter getan zu haben. Selbstverständlich erzählte ich meiner Mutter nichts von den Unruhen, die im Hintergrund liefen. In ihren Augen war ich einfach die Rabentochter, die sich zu wenig um sie kümmerte.

Jetzt aber war sie tot. Und ich würde wohl dieses Problem für immer los sein. Aber da hatte ich mich gehörig getäuscht. In der Todesanzeige meiner Mutter ließ ich folgendes Gedicht von Gottfried Benn abdrucken:

Mutter
Ich trage Dich wie eine Wunde auf meiner Stirn
Die sich nicht schließt
Sie schmerzt nicht immer
Und es fließt das Herz sich nicht draus tot
Nur manchmal, plötzlich
bin ich blind und spüre Blut im Munde.

## 2.

*Hallo, Gemeinde*

Die Todesanzeige meiner Mutter stieß auf große Resonanz, vor allem bei Frauen. Einige sprachen mich direkt darauf an, andere schrieben mir. Und ich gewann den Eindruck, dass es zweifellos viele Frauen geben musste, für die die Mutter-Tochter-Beziehung ebenfalls etwas Quälendes war.

Viele Frauen wünschen sich einen sehr viel entspannteren Umgang mit der Mutter, mit der Tochter, vor allem einen weniger konfliktreichen. Und da alle Frauen Töchter und viele gleichzeitig in der Mutterrolle sind, verkreuzt sich die Perspektive der Betrachtung, je nachdem, in welcher Position frau sich befindet. Dies macht es nicht einfacher, die Problematik zu behandeln und neue Möglichkeiten für die Gestaltung der Mutter-Tochter-Beziehung herauszuarbeiten, die sowohl für die Töchter als auch für die Mütter hilfreich sein können.

Von welcher Position wir die Beziehungsstruktur auch angehen, sie ist so oder so eine äußerst schwierige Angelegenheit. Töchter beklagen sich über ihre Mütter. Der Standardsatz lautet: «So wie sie nie!» Aber auch vonseiten der Mütter sind stereotype Sätze zu hören, sie beklagen sich über ihre Rabentöchter: «Meine Tochter kümmert sich nicht um mich.» Und als Hintergrundmelodie klingt noch mangelnde Dankbarkeit mit.

In Internetforen wird die Dringlichkeit der Auseinandersetzung zwischen Müttern und Töchtern dokumentiert, da werden die Dinge dann offen beim Namen genannt:

«Hallo, Gemeinde, ich weiß nicht mehr weiter, helft mir. Meine Mutter, 68, führt ein leidiges Eheleben, versucht es allen recht zu machen, nach außen herausgeputzt, aber nach innen elend. Sie ist eine Meisterin darin, Schuldgefühle zu machen, vor allem mir. Sie will zwar, dass ich mich um sie kümmere, aber sie vergisst meinen Geburtstag, und mein Leben interessiert sie überhaupt nicht. Einladungen von mir nimmt sie nicht an und quasselt pausenlos, sie müsse auf ihren Hund (Köter!) aufpassen. Ich mag einfach nicht mehr. Und möchte sie gar nicht mehr anrufen. Aber es quält mich ständig, und ich denke, ich müsste doch auf sie zugehen. Was soll ich machen?»

Die Antworten kommen in Mengen wie aus der Pistole geschossen: «Kenne ich. Zum Kotzen. Meine ist noch einen Zacken krasser. Stell dich taub. Lass einfach alles an dir abtropfen. Genieß das Leben. Ich mache es ebenso.»

«So einfach kannst du dir das nicht machen. Denk daran, was deine Mutter alles für dich getan hat, schließlich hat sie dich großgezogen. Zweifellos liebt sie dich, kann es aber nicht zeigen. Wahrscheinlich hat sie in ihrer Ehe viel gelitten und ist einfach am Ende. Besser, darüber nachdenken und es mit den eigenen Kindern besser machen.»

«Das Wechselbad mit der Mutter kenne auch ich zur Genüge. Erst wenn du begriffen hast, dass du sie nicht mehr ändern kannst, kann sich etwas ändern. Nämlich deine Einstellung. Arbeite an dir selbst, werde unabhängig von ihr, werde erwachsen und erlaube dir, über die Schrullen deiner Mutter freundlich zu lächeln.»

Seitenlange Empfehlungen sind da zu lesen. Sie machen deutlich, wie groß der Wunsch ist, ein einigermaßen erträgliches Verhältnis mit der eigenen Mutter herbeizuführen.

Aber auch aus der Perspektive der Mütter sieht es nicht besser aus. Obwohl diese Generation weniger im Internet präsent ist, finden sich erstaunlicherweise dennoch viele Hinweise:

«Ich habe für meine Tochter alles geopfert, was mir lieb und teuer war: Meinen geliebten Beruf als Kostümbildnerin habe ich aufgegeben, dann habe ich nach der Scheidung wegen des Kindes auf eine neue Beziehung verzichtet und in meinem eigenen Nähatelier gearbeitet, damit ich immer für sie da sein konnte. Der Dank dafür ist, dass ich jetzt in ein Altersheim abgeschoben werde, dabei wohnt meine Tochter mit ihrer Familie auf dem Land in einem großen Haus. Ich kann froh sein, wenn sie mich überhaupt besuchen kommt.»

«Wenn es ums Kinderhüten geht, denkt meine Tochter an mich. Sonst hat sie ja Wichtigeres zu tun.»

«Meine Tochter ist so unselbstständig. Kaum ein Tag vergeht, ohne dass sie mich nicht nervt mit ihren Anrufen. Sie will mir alles erzählen und sucht meinen Rat. Aber was soll ich sagen! Sie hört ja dann doch nicht auf mich. Zudem bin ich mit ihrer Lebensführung überhaupt nicht einverstanden. Und auch ich habe eigene Probleme, die sie aber überhaupt nicht interessieren. Sie würde ja nicht einmal fragen, wie es mir wohl geht. »

Und auch hier folgen zahlreiche Ratschläge, angefangen von Zurechtweisungen wie «deine Tochter hat schließlich ein Recht auf ein eigenes Leben» über durchaus wohlgemeinte Empfehlungen, sich im Loslassen zu üben, bis zum Hinweis: «Du bist ihre Mutter und bleibst ihre Mutter. Was auch immer geschieht. Also kümmere dich um sie.»

Diese Einträge umreißen die Mutter-Tochter-Problematik sehr eindrücklich: Die Ratlosigkeit könnte nicht größer sein. Die unbrauchbaren Ratschläge nicht unbeholfener. Die Dringlichkeit, Lösungen zu finden, nicht zwingender. Die Hoffnung, doch noch einen guten Zugang zueinander zu finden, ist trotz allem ungebrochen.

Denn bei so viel Unbehagen beiderseits, bei so viel Kränkungen, Ärger und Wut sowohl bei Töchtern als auch bei Müttern wird deutlich, welche Energie die Auseinandersetzung kostet. Wie oft denken Töchter und Mütter bewusst aneinander und fühlen sich wie in einer ausweglosen Spirale gefangen? Noch schlimmer aber wirken sich die unbewussten Empfindungen aus, die, ohne benannt zu werden, im Untergrund ständig rumoren, die einen bitteren Bodensatz für alles Erlebbare bilden. Sie lassen einen nie ganz froh sein, nie ganz unbekümmert den Tag genießen, nie ganz beschwerdefrei einfach leben, sie durchziehen alles mit einem dunklen Schuldgefühl.

Deshalb lohnt es sich, die offensichtlich schwierige Beziehung zwischen Mutter und Tochter etwas genauer zu betrachten, um die Konfliktlage mitsamt dem Kränkungspotenzial für beide Beteiligten zu begreifen. Dabei spielen die Rollenerwartungen, die sich sowohl in den Köpfen der Protagonistinnen als auch in der Gesellschaft etabliert haben, eine entscheidende Rolle. Die meisten Frauen möchten schließlich gute Mütter sein. Die meisten Frauen möchten ebenfalls gute Töchter sein. Dafür sind wir bereit, uns psychisch bis zur Selbstverleugnung zu verrenken. Wer sich aber selbst abhandenkommt, verliert allmählich den Kontakt zu sich, zu seiner eigenen Wahrnehmungsfähigkeit und damit auch zur eigenen Wahrhaftigkeit. Aus dieser Position ist weder ein guter und durchlässiger Kontakt zu sich selbst möglich, noch lassen sich störungsfreie Begegnungen mit anderen Menschen gestalten, vor allem nicht mit Menschen, die einem sehr nahestehen wie etwa die Mutter oder die Tochter.

Um die Mutter-Tochter-Beziehung aus der Problemzone von Konflikten, gegenseitigen Kränkungen und Verletzungen zu befreien, sollten die Bearbeitung und Auseinandersetzung aus beiden Positionen heraus erfolgen. Wenn Mütter und Töchter lernen, alles, was sie fühlen und denken, aus dem tiefen Verlies der Tabus zu befreien, sich selbst gegenüber ehrlich und offen sind, ihren Wahrnehmungen vertrauen und sie ernst nehmen, dann wird die Mutter-Tochter-Beziehung eine völlig neue Qualität entwickeln. Und statt sich im ständigen Gerangel miteinander oder gegeneinander zu verlieren, in dem es letztlich keine Gewinnerinnen, sondern nur Verliererinnen gibt, können sie einen neuen Weg entdecken, der für beide ein größeres Maß an Zufriedenheit ermöglicht.

Dazu gehört, dass Mütter und Töchter sich auf sich selbst einlassen und sich dabei selbst näherkommen. Wer bei sich selbst ankommt, kann es sich leisten, auch dem anderen näherzukommen, der eigenen Mutter, der eigenen Tochter. Die Energie, die ständig dafür aufgebracht werden muss, mit einem schwelenden Konflikt zurechtzukommen, kann stattdessen dafür verwendet werden, der Fülle des eigenen Lebens neuen Raum zu geben.

Dann könnten sich Mütter und Töchter in einer neuen, sich gegenseitig beglückenden Weise aufeinander beziehen. Die Mutter wäre ihrer Tochter zutiefst verbunden, könnte sie als die Erfahrenere in ihrem Werdegang hilfreich begleiten, die Tochter müsste sich nicht mehr von ihr abwenden, sondern könnte ihrer töchterlichen Liebe freien Lauf lassen und stolz sagen: Das ist meine Mutter. Und so wie sie will ich einmal werden.

Dies könnte ein Auftakt dafür sein, dass sich Mütter und Töchter durch den Durchbruch zur Wahrhaftigkeit in einer Tiefe begegnen, die ein neues Bündnis zwischen ihnen ermöglicht und damit beiden Frauen den Zugang zu ihren eigenen Kraftquellen eröffnet.

## 3.
### Zurück zu den Wurzeln

Als ich im Frauenseminar eher nebenbei die Problemzone Mutter-Tochter ansprach, wirkte das, wie wenn ich in ein Wespennest gestochen hätte. Die Frauen wollten noch mehr darüber hören, möglichst detailliert und ausführlich; einige begannen sofort von sich zu erzählen, von ihren ambivalenten Gefühlen zur Mutter, vom ständigen Auf und Ab, vom Hin und Her zwischen Schuldgefühlen und dem Wunsch, ein eigenes unabhängiges Leben führen zu können. Selbstverständlich gibt es sowohl Mütter als auch Töchter, die mit viel Begeisterung von ihrer Beziehung sprechen, von der tiefen Vertrauensbasis, die unerschütterlich ist und von unumstößlicher Zuneigung und Liebe zueinander gehalten ist. Bei derartigen Mutter-Tochter-Beziehungen wird eine ganz besondere Lebensqualität spürbar, die beide nährt und die sie befähigt, durch und durch wohlwollend aufeinander bezogen zu sein. Ich meine damit nicht die klassische Eiskunstlauf-Mutter, die ihr Töchterchen mit vier aufs Eis schleppt, um aus ihr eine Eisprinzessin zu machen, ob es der Tochter passt oder nicht. Ich meine – damit keine Missverständnisse aufkommen – damit eine Beziehungsform, die sich auf eine unverbrüchliche gegenseitige Loyalität stützt und beide zu einem echten Gewinnerinnenteam werden lässt, in welchem sie sich gegenseitig unterstützen und fördern. Dabei ist zu beobachten, dass sich Verhältnisse im Laufe der Zeit verändern, dass es vorübergehende Phasen gibt, die mit größeren Schwierigkeiten gespickt sind, wie sich dies z. B. in der Ablösungsphase zeigt oder in besonderen Veränderungen der Lebensführung.

Viele Frauen erleben die Mutter-Tochter-Problematik als etwas, das ein Höchstmaß an Energie abverlangt und sich wie eine graue Glocke über das Leben stülpt. Deshalb kann der Gewinn nicht hoch genug eingeschätzt werden, der sich aus der Verarbeitung der Mutter-Tochter-Beziehung ziehen lässt.

Die Mutter-Tochter-Beziehung wurde bereits in verschiedenen Arbeiten aus psychoanalytischer, soziologischer und philosophischer Sicht bearbeitet, ganz besonders aber von den italienischen Differenztheoretikerinnen. Sie alle haben dazu beigetragen, aus unterschiedlicher Betrachtung das einzigartige und schwierige Verhältnis zwischen Mutter und Tochter aufzuzeigen. Ich möchte hier vor allem der Frage nachgehen, weshalb es viele Töchter gibt, die das Vorbild Mutter vehement zurückweisen und alles daransetzen, niemals so zu werden wie sie.

Sich mit dieser Fragestellung zu befassen bedeutet einerseits, sich auf sich selbst einzulassen, andererseits, der Mutter nicht in ihrer Rolle als Mutter zu begegnen, sondern sie vor allem auch als Mensch wahrzunehmen: als Frau, die jenseits der Mutterrolle lebt, die voller Sehnsucht nach Liebe und voller Wünsche für die Gestaltung ihres eigenen Lebens ist. Je mehr wir dem Menschen begegnen, der sich hinter der Mutterrolle verbirgt, umso größer wird wahrscheinlich das Erstaunen darüber, wie wenig wir von der eigenen Mutter wissen. Und damit ändert sich alles. Denn wer der eigenen Mutter als Mensch mit ihrer eigenen Lebensgeschichte zu begegnen wagt, befreit sie aus dem einengenden Muttermythos, aus der strengen Beurteilung ihrer mütterlichen Fähigkeiten. Sie wird einfach zu einer Frau, die in irgendeiner Weise versuchte, ihr

Leben zu meistern, die sich bemühte, mit allem, was ihr an Misslichem begegnete, mit den zahlreichen Aufgaben und Schicksalsfügungen fertig zu werden.

Der Weg zur Mutter ist weit, er führt über unbekanntes, unwegsames Gebiet, ist mit vielen Hindernissen und Hürden bestückt, die es zu überwinden gilt. So beschwerlich und gelegentlich schmerzlich er auch sein mag, ermöglicht er gleichzeitig, ungeahnte Kraftreserven aufzuspüren und nutzbar zu machen. Denn wenn es uns gelingt, die Mutter als Mensch zu entdecken, erschließen wir gleichzeitig den verborgenen, unermesslichen Reichtum weiblicher Werte und Möglichkeiten, die darauf warten, eingemeindet und als zu uns gehörig begriffen zu werden. Über die Mütter kehren wir zu unserer in uns wohnenden ursprünglichen Kraft zurück. Dieser Weg ist vergleichbar mit dem Auskundschaften eines neuen Kontinents, der ungeahnte Weiten mit neuen Möglichkeiten der Lebensgestaltung eröffnet.

Die Mutter in ihrem individuellen und ganz persönlichen Frausein kennenzulernen führt uns zu unserer eigenen Geschichte und schließlich zu unserem Frausein. Die Mutter kennenzulernen heißt, sich selbst kennenzulernen. Der eigenen Mutter näherzukommen bedeutet, sich selbst näherzukommen. Uns mit ihrer Geschichte anzufreunden eröffnet uns die Möglichkeit, uns mit uns selbst zu befreunden, uns zu bejahen, um schließlich bei uns selbst anzukommen.

Der Weg der Tochter zu sich selbst führt also über die Mutter. Nicht weil sie biologisch dafür gesorgt hat, dass wir überhaupt auf der Welt sind, sondern weil sie die weibliche Person ist, an der wir uns zunächst orientierten. Mit ihr lernten wir, was es heißt, geliebt zu werden, oder aber was es bedeutet, darauf verzichten zu müssen. Mit ihr lernten wir, wie es sich anfühlt, auf eine ganz innige Weise mit einem anderen

Menschen verbunden zu sein, wir lernten mit ihr, welches Wohlgefühl sich einstellt, wenn wir so etwas wie seelische Intimität erleben. Genauso aber konnten wir auch mit ihr die schmerzliche Erfahrung machen, uns bei ihr nicht aufgehoben zu fühlen, uns nach ihr zu sehnen oder gar von ihr verlassen worden zu sein, das Gefühl der schmerzlichen Einsamkeit, wenn sich die Mutter abwandte, sich nicht um uns kümmerte und uns einfach dem Schicksal überließ.

Wohl alle Kinder lieben zunächst ihre Eltern, den Vater, die Mutter. Kinder verfügen über die großartige Fähigkeit zu lieben, einfach so, wie eine Liebesquelle, die sie als Erbgut mitbekommen haben. Man könnte Kinder mit kleinen Liebessonnen vergleichen, die einfach ihre Strahlen fröhlich aussenden und sie vor allem auf die Personen richten, die in ihrem Umkreis sind. Wie liebend Kinder sein können, zeigt sich z. B. dann, wenn sie von ihren Bezugspersonen bestraft werden. Die Liebe zu ihnen erfährt keinen Abbruch. Im Gegenteil, sie bleiben ihrer Liebesfähigkeit treu und lieben einfach weiter. So ist es auch zu erklären, dass sogar Kinder, die Misshandlungen zu erleiden hatten, ungemindert ihren Peinigern zugetan bleiben. Oft steht während der ersten Jahre die Mutter im Mittelpunkt, und die gesamte Liebesenergie des Kindes zielt auf sie. Kinder lieben ihre Mütter, ob sie nun mit gleicher Intensität zurückgeliebt werden oder nicht.

Für die Tochter ist nun aber gerade die Mutter zugleich auch die Person, die für sie als geschlechtliche Orientierung und Vorbild von besonderer Bedeutung ist. Denn von ihr lernt sie, was es heißt, eine Frau zu sein, sich mit weiblichen Werten zu identifizieren. Schließlich ist für die Identitätsentwicklung die geschlechtliche Orientierung eine wichtige Leitplanke, um der eigenen Persönlichkeit eine verlässliche Kontur zu geben. Die Mutter ist also als zentrale Figur zur Findung der eigenen

Geschlechtsidentität von größter Wichtigkeit; sie einfach ausblenden zu wollen wäre etwa, wie einem Baum die Wurzeln wegzuschneiden. Zunächst bliebe er wohl noch stehen, und auch in der Baumkrone wäre noch keine Veränderung festzustellen. Aber mit der Zeit würde sich das saftige Grün aus den Blättern zurückziehen, bis sie allmählich verblassten und sich verfärbten. Sie würden in orangegelber Ockerpracht vielleicht sogar noch imposanter wirken, wären dann aber die Blätter abgefallen und alle Äste kahl geworden, wüchsen im Frühling keine neuen nach. Der Baum könnte sich nicht mehr über die Wurzeln Nahrung aus der Erde holen, um sich zu erneuern, er wäre kraftlos und nicht in der Lage, neue Blätter hervorzubringen. Vielleicht stünde der Baum zunächst noch fest in der Erde, zusammengehalten durch ein dichtes Wurzelwerk nachbarlicher Pflanzen. Aber wenn irgendwann ein Sturm über ihn hinwegfegte, könnte er fallen.

Wenn sich Töchter ostentativ von ihrer Mutter abwenden und sich weigern, sich mit der Beziehung zu ihr auseinanderzusetzen, verzichten sie freiwillig auf ihr weibliches Erbe und schneiden sich selbst ihre eigenen Wurzeln ab. Es kann durchaus sein, dass sie zunächst durch die Abgrenzung eine gesteigerte Energie erleben. Schließlich kann das Gefühl, sich von Ärgerlichem abzugrenzen, selbst für sich entscheiden und das tun und lassen zu können, was man für richtig hält, sich frei und ungebunden zu fühlen, zunächst ungeahnte Kräfte freisetzen. Da grünt noch alles in einem, die Ideen sprießen ungehindert, man fühlt sich mit Energie geladen und ist voller Lebenslust. Wenn sich der heitere Schwung allmählich vermindert und vielleicht erste Anzeichen einer sich anbahnenden Krise zeigen, dann täuscht der Wunsch nach Autonomie noch über die wahren Hintergründe hinweg. Nun wäre die Zeit gekommen, sich über die eigene Verwurzelung Gedanken zu machen. Eine gute Vernetzung im Freundeskreis kann zweifellos einen Zusammenbruch verhindern. Wenn aber weitreichende Lebensumbrüche angesagt sind, Schicksalskrisen an die Türe pochen, z. B. Trennung, Scheidung, Verlust der Arbeitsstelle oder gar Krankheit oder Tod eines Kindes, und es darum geht, sich angesichts großer seelischer Belastungen und Erschütterungen auf eine verlässliche innere Kraft zurückzubesinnen, um die Krisen zu meistern und zu überleben, wird erst deutlich, wie groß die Gefahr ist, das innere Gleichgewicht zu verlieren.

Um diese instabile innere Situation zu überwinden und wieder festen Boden unter den Füßen zu erhalten ist der Gang in das Reich der Mütter sehr hilfreich. Sich tastend durch den Lebenslauf der eigenen Mutter zu wagen, hinzuschauen, was ihr widerfahren ist, unter welchen Bedingungen sie aufgewachsen war, welche Hindernisse sie zu überwinden hatte, in welchen Situationen sie einfach überleben musste, lässt sie als Mensch erst richtig sichtbar werden. Wir entdecken die wahren Ursachen und Hintergründe, die aus unserer Mutter den Menschen geformt haben, der in der Mutterrolle problematische Verhaltensweisen zeigte oder gar scheiterte. Ihre Biografie ist der Schlüssel, um sie verstehen zu können.

Damit werden ihre vielleicht damals unverständlichen oder ärgerlichen Verhaltensweisen entschlüsselt, und wir können ein tieferes Verständnis für sie entwickeln.

Zudem werden wir feststellen können, dass wir seismographisch vieles wahrgenommen hatten, was sich unstimmig anfühlte. Auch wenn uns vielleicht damals unsere eigenen Reaktionen fremd waren, so ergaben sie im Nachhinein einen schlüssigen und folgerichtigen Sinn. Denn wir können verstehen, dass die ablehnende Haltung, die wir gegenüber der Mutter empfanden, nicht der Mutter als Person galt, sondern den äußerst schwierigen Verhältnissen, die sie zu meistern hatte. Daraus könnte uns auch ein neues Vertrauen zu unserer eigenen Wahrnehmungsfähigkeit erwachsen, unterschwellig Missstände exakt aufzuspüren.

Töchter zeichnen alles auf, was ihren Müttern widerfahren ist, sie sind Kronzeuginnen des Geschehens. So erleben Töchter, was die Mutter leistete, aber sie erleben ebenso, wenn sie für ihre Leistung weder Wertschätzung noch gesellschaftliche Anerkennung erhielt, sondern Entwertung, Entwürdigung oder gar Beschämung.

Paulas Mutter hatte sechs Kinder großgezogen. Der Vater arbeitete als Hilfsarbeiter, und so ging sie neben Haushalt und Kinderbetreuung noch putzen. Sie hatte drei verschiedene Putzstellen, um Geld dazuzuverdienen. Sie arbeitete rund ums Jahr, Krankheit gab es nicht. Als ein wohlhabender Onkel des Vaters starb und der Vater ein kleines Vermögen erbte, ließ er sich scheiden und zog in die aus dem Nachlass stammende Eigentumswohnung. Paulas Mutter stand da, ohne alles, sie hatte nur ihre Putzstellen und die Kinder, für die sie zu sorgen hatte. Die Mutter hat nie geklagt, aber sie hat die Welt nicht mehr verstanden. Die Kinder wurden größer und führten ihr eigenes Leben. Die Mutter putzte noch immer, inzwischen an fünf verschiedenen Stellen. Als sie ihre Altersrente bekam, rechnete sie nach und stellte fest, dass es nicht zum Leben reichen würde. Paula hatte nur einen einzigen Gedanken: «Das passiert mir nie.»

Es finden sich in den meisten Familien unausgesprochene Tragödien, vor allem auch im Bereich von Liebe und Sexualität und Schwangerschaft. Drehen wir das Rad der Zeit nur um wenige Generationen zurück und lassen unsere weiblichen Vorfahrinnen zu Wort kommen.

Allein die Tragödien, die Frauen erlebten, wenn sie unehelich schwanger geworden waren: « Die ‹Sünde› der unehelichen Mutter besteht doch zum größten Teil darin, dass sie einen Mann, den sie liebte, für vertrauenswürdig hielt – seltsame Logik, die den Mangel an Vertrauenswürdigkeit dann nicht dem, der dies Vertrauen täuschte, sondern seinem Opfer anrechnet!»[1] Ja, diese eigenartige Logik sitzt in unseren Zellen. Unsere Großmütter, Urgroßmütter und Großtanten gaben sich liebend und vertrauensvoll einem Mann hin, um hinterher bei der sichtbaren Folge einer Schwangerschaft der ganzen Schande und Demütigung ausgesetzt zu sein. Oft alleine.

Auch wenn sich diese Zeiten längst geändert haben, sie sitzen als unbewusste Erinnerung in uns und prägen unsere Erlebniswelt. Und für die Töchter steht eines fest: In diese Fußstapfen wollen sie unter keinen Umständen treten. Sie gehen davon aus, wenn sie sich gegenüber der Mutter, die diese Entwertung erlebt hat, entschieden abgrenzen, ist die Gefahr gebannt, in dieselbe Position zu geraten. Dass dies ein folgenschwerer Irrtum ist, wird ihnen erst bewusst, wenn sie längst selbst in einer ähnlichen Falle sitzen.

Das Verständnis für die Lebensgeschichte unserer Mütter öffnet das Tor, durch welches wir schreiten, um uns selbst zu verstehen. Wir pendeln nicht mehr zwischen Zu- und Abneigung ratlos hin und her, zwischen Selbstzweifeln und Größenfantasien, zwischen Unwertgefühl und Selbstüberschätzung, zwischen Selbstakzeptanz und Selbsthass. Den Mutterkontinent erobern heißt, sich selbst näherzukommen, endlich zu sich selbst zu finden. Denn die Geschichte unserer Mütter ist auch unsere Geschichte. Wir tragen ihre Geschichte in unseren Zellen, und mit dem Versuch, ihr näherzukommen, kommen wir bei uns selbst an, bei unserer Weiblichkeit.

Für diejenigen Töchter, die ihre Mutter nicht persönlich kennen, ist es ebenso wichtig, deren Spur aufzunehmen und konsequent zu verfolgen. In den meisten Fällen gibt es etwas Konkretes über sie in Erfahrung zu bringen, vor allem auch über die Hintergründe, weshalb sie das Kind verlassen hat. Auch wenn sie sehr früh gestorben ist, gibt es einiges zu erforschen. Eine Krankheit ist ja nicht einfach nur ein Faktum, sondern erzählt auch viel über die Leidensgeschichte und die Verhältnisse der Erkrankten. In beiden Fällen haben andere Personen stellvertretend die Mutterfunktion übernommen. Entweder übten sie diese mütterliche Stellvertretung sehr liebevoll aus, engagiert und verantwortungsvoll und dem Kind mit ganzem Herzen zugetan. Vielleicht aber fehlte ihnen dafür jegliche Begabung, und sie haben nur widerwillig diese Aufgabe übernommen, z. B. weil der Partner das Kind mit in die neue Beziehung einbrachte. Ebenso sind männliche Personen, die mütterliche Betreuungsaufgaben übernommen haben, ins Auge zu fassen. Es gibt durchaus Männer, die für Kinder den mütterlichen Part übernehmen und den Töchtern wertvolle Werte zu vermitteln vermögen. Wer immer die Bezugsperson war, ob es die leibliche Mutter war oder eine andere Person die mütterliche Betreuungsfunktion übernahm – es lohnt sich, diese Forschungsreise anzutreten.

Durch das Aufschlüsseln der mütterlichen Biografie kommt nicht nur Licht in das Dunkel der eigenen Mutter, es öffnet sich gleichzeitig ein größeres Spektrum der kollektiven Frauengeschichte. Wenn wir genau hinschauen und es wagen, die Dinge und Ereignisse beim Namen zu nennen, bringen wir die Aufarbeitung einer quälenden Frauenvergangenheit in Gang. Denn erst das, was ins Bewusstsein gelangt, kann schließlich bearbeitet werden. Vielleicht benötigt es etwas Mut, um eingefahrene Denkpfade zu verlassen und intuitiv neue Wege anzulegen, lohnend ist es auf jeden Fall.

Erst als ich begann, mich mit «jener gewissen Angelegenheit», die mir meine Mutter auftrug, im Nachruf unerwähnt zu lassen, ernsthaft zu befassen, wurde mir die Tragödie im vollen Umfang bewusst, die sich mit meiner Mutter ereignet hatte. Es ist eine Geschichte voller Pein. Bei genauer Analyse war meine Mutter völlig unschuldig, unwissend. Und dennoch klebte an ihr eine tiefe Schuld und Scham, die sie bis ins hohe Alter von 87 Jahren nicht mehr loswurde und die sie noch schweigend mit ins Grab nehmen sollte.

## 4.
### Die eigene Mutter


Wenn ich die Geschichte meiner Mutter hier erzähle, so mache ich es nicht deshalb, weil ich sie als besonders außergewöhnlich erachte. Im Gegenteil, in dieser Geschichte sind einfach die Signaturen deutlich zu erkennen, wie Frauen entwürdigt und gedemütigt wurden. Die weibliche Generation meiner Mutter am Anfang des 20. Jahrhunderts kann ein Liedchen davon singen, wie Frauen beschämt und zutiefst gekränkt worden sind. Gut, es gehörte damals – und selbstverständlich auch in der Zeit davor – dazu, dass Frauen nichts zu melden hatten, sondern unterdrückt und je nach Bedarf instrumentalisiert wurden. Die Vorstellung, auch gerade von jüngeren Frauen, heute sei doch alles anders, ist leider ein großer Irrtum.

Eine Studie, die von Renate Valtin, Professorin für Grundschulpädagogik an der Humboldt-Universität, Berlin, durchgeführt wurde, zeichnet ein erschütterndes Bild. Auf der Datenbasis von insgesamt 281 Schulaufsätzen von zehnjährigen Kindern wird aufgezeigt, wie tief der prägende Einfluss über Geschlechtsstereotypen sitzt. Jungen schildern sich in ihren Aufsätzen «Warum ich gern ein Junge bin» bereits als das überlegene Geschlecht, das sich durch körperliche Stärke und Schnelligkeit, im technischen Bereich durch größere Geschicklichkeit, im sozialen Bereich durch Dominanz und Mut auszeichnet. Mädchen hingegen beschreiben in ihren Aufsätzen «Warum ich gern ein Mädchen bin»: «Als Mädchen bekommt man Kinder. Mädchen können sich um Kinder kümmern. Mädchen sind meistens ordentlicher als Jungs. Als Mädchen kann man schöne Sachen anziehen. Als Mädchen kann man sich schminken. Als Mädchen kann man die Haare schön frisieren...» Ebenso zeigt die von der Deutschen Forschungsgesellschaft geförderte Längsschnittsstudie «Aida» an über 3000 Berliner Jugendlichen, wie sich diese Stereotypen auf das Selbstbild auswirken. Weibliche Jugendliche sind unzufriedener mit ihrem Äußeren, verfügen über ein weniger positives Selbstbild und entwickeln weniger Ich-Stärke als männliche Jugendliche. Das Vertrauen weiblicher Jugendlicher in ihre Leistungsfähigkeit und die damit verbundene Erfolgszuversicht ist entsprechend im Schnitt geringer ausgeprägt, was sich schließlich in der Berufswahl mit geringen Aufstiegschancen widerspiegelt. Diese Ergebnisse sollten Anlass zum Nachdenken geben und vor allem davor schützen, sich nicht etwa der Illusion hinzugeben, die Situation der heutigen Frau habe sich grundsätzlich verbessert.

Selbstverständlich nimmt die heutige Frau eine ganz andere Stellung ein als früher. Wir sind gleichberechtigt, und offensichtliche Unterdrückung gehört der Vergangenheit an. Auch stehen Frauen sämtliche Bildungswege offen, und es gibt kaum einen Beruf, zu dem Frauen noch keinen Zugang haben. Aber wenn es um den Aufstieg innerhalb der Hierarchie im Berufsleben geht, landen nur wenige an der Spitze. Die Benachteiligung ist verdeckter und wird häufig erst dann wahrnehmbar, wenn frau versucht, Beruf und Familie zu vereinbaren.

Die Formen der Kränkungen haben sich geändert, aber die Entwertung bleibt bestehen. Wie soll sich eine intelligente Frau heute fühlen, wenn sie Mutter geworden ist, wieder ihren

Beruf ergreifen will, aber keinen Krippenplatz für das Kind findet? Die meisten machen es so, wie ihre Vorgängerinnen mit Demütigungen umgegangen sind: Sie ballen die Faust im Sack und schweigen. Als Töchter von entwerteten Müttern haben wir es vorgelebt bekommen und gelernt, dass die Entwertung zum weiblichen Dasein gehört. Wir tragen die Erfahrungen unserer Vorfahrinnen als impliziter, nicht sprachlich erfasster Hintergrund in uns.

Die Biografie meiner Mutter ist eine Scham- und Schandebiografie. Nein, nicht etwa weil sie ein leichtsinniges Mädchen war, sondern weil ihr Dinge zugestoßen sind, auf die sie selbst keinerlei Einfluss nehmen konnte. Sie war ein absolut integrer, sehr intelligenter und lebensmotivierter, stets dem Guten zugewandter Mensch. Ich gehe davon aus, dass viele Töchter Ähnliches über ihre Mütter sagen können, vorausgesetzt, der Blick ist durch die Ereignisse nicht bereits derart getrübt, dass die Tochter beim Betrachten von alten Fotos der Mutter nicht mehr in der Lage ist, deren positive Jungmädchenausstrahlung auf sich einwirken zu lassen. Die Geschichte meiner Mutter fällt nicht aus dem Rahmen.

Aufgewachsen ist sie in bäuerlichen, eher ärmlichen Verhältnissen mit vier Geschwistern, mit einem zwar mit brillanter Intelligenz gesegneten, aber bigotten, engherzigen, autoritären Vater und einer sehr liebevollen und einfühlsamen, aber nicht sehr durchsetzungsstarken Mutter, die gegen den Vater keine Chance hatte, sich zu behaupten. Zunächst war das Familienleben gut. Man arbeitete hart, neben dem landwirtschaftlichen Betrieb mit elf Kühen unterhielt der Vater noch eine hauseigene Stickerei, in der er feine Spitzen herstellte. Es gab in diesem Haus viel zu tun, und die Kinder mussten alle viel mithelfen. Bei den Mahlzeiten versammelten sich alle in der Küche um einen großen Tisch aus Buchenholz, der Vater betete: «Herr, sei unser Gast, und segne, was du uns bescheret hast.» Es gab genug zu essen, und die Mutter kümmerte sich mit viel Liebe um das Wohl der Kinder. Sie legte großen Wert darauf, dass sie immer sauber angezogen waren. Am Sonntag trugen die Mädchen alle die gleichen Röcke mit den dazu passenden Schürzen. Es fielen keine groben Worte, Streitereien kamen nicht vor. Das Leben verlief in zwar harten, aber ruhigen Bahnen.

Dann aber starb die Mutter, als die Kinder zwischen vier und elf Jahre alt waren, meine Mutter war gerade neun geworden. Der Vater hat sich zwar bemüht, seinen Schmerz vor den Kindern zu verbergen, aber man hat ihn dennoch durch das ganze Haus laut weinen gehört. Dieser Schicksalsschlag hat ihn schwer getroffen, was ihn zusehends verbittern ließ. Er war mit der Aufgabe, den Hof zu führen und sich um die Kinder zu kümmern, völlig überfordert. Rasch war eine Ersatzmutter zur Stelle, es wurde geheiratet, und bereits vor der Heirat verkündete die angehende Stiefmutter den Kindern: «Wartet nur ab, bald weht ein anderer Wind.»

So war es dann auch. Die Stiefmutter liebte die Kinder nicht, sie hasste sie. Und das bekamen diese jeden Tag zu spüren. Die Mahlzeiten wurden fortan so eingenommen, dass die Eltern am Tisch saßen, während auf der Bank, die an der Wand stand, die Kinder hockten und aufs Essen warteten. Es gab viele Schläge von der Stiefmutter, für Dinge, die sie getan haben sollten, von denen sie aber keine Ahnung hatten. Sie mussten alte Militärschuhe tragen, die viel zu groß waren und deshalb mit Zeitungspapier ausgestopft wurden, ebenso auch alte Kleider von fernen erwachsenen Verwandten auftragen. Der Schulweg konnte nur im schnellen Lauftempo bewältigt werden – sieben Minuten, es wurde gestoppt –, wer länger unterwegs war, kassierte Prügel. Die Kinder mussten wie Erwachsene schwerste Arbeiten verrichten, z. B. Gräben ausheben oder mit einem von Pferden gezogenen Ladewagen Lasten transportieren. Von Liebe keine Spur.

Eine Geistergeschichte. Und hätte ich es nicht selbst erlebt, würde ich es kaum glauben können.

Es ist verständlich, dass die Kinder so rasch als möglich von zu Hause weggehen wollten. Ein Mädchen ging ins Kloster, meine Mutter erhielt als 17-Jährige eine Stelle in einer psychiatrischen Klinik als Hilfsschwester. Und damit begann für sie ein neues und erfülltes Leben. Der Umgang mit den Patienten entsprach ihrer Neigung, sich um Menschen zu kümmern. Sie führte viele Gespräche, war eine ausgezeichnete Zuhörerin, fühlte sich in das Schicksal anderer ein und war den Patienten sehr zugetan. Zudem überlegte sie, dass es schrecklich sein müsse, so den ganzen Tag vor sich hinzustarren, und begann unverzüglich, Beschäftigungsstunden einzuführen und mit ihnen Handarbeiten anzufertigen. So kam es, dass sie innert kürzester Zeit eine Abteilung übernehmen konnte, von der Klinikleitung sehr geschätzt wurde und bei den Patienten sehr beliebt war. Sie fühlte sich ganz in ihrem Element, nichts war ihr zu viel, Gespräche, Nachtwache, am Bett eines Verzweifelten zu sitzen und tröstend die Hand zu halten. Sie war jung und durch und durch guter Dinge. Es muss ihre schönste Zeit gewesen sein, wie sie mir immer wieder erzählte.

Eines Abends im November wurde sie von einem Oberpfleger in sein Zimmer eingeladen, sie folgte ihm ohne Arg. Er machte sich sofort an ihr zu schaffen, meine Mutter, bis zu diesem Zeitpunkt fern jeglicher sexueller Absichten, naiv und unwissend, wusste nicht, was ihr geschah. Zudem getraute sie sich nicht, den Vorgesetzten zurückzuweisen, schließlich wollte sie nicht unhöflich sein. Es kam zwar nicht bis zum vollendeten Vollzug eines Geschlechtsaktes, aber sie wurde dennoch schwanger.

Und damit landete sie in der typischen weiblichen Tragödie! Wie vielen Frauen damals erging es ähnlich. Ohne eigenes sexuelles Begehren dem Drängen des Mannes nachzugeben, um hinterher mit der ganzen Schande und der Scham dazusitzen und die Sache alleine auszulöffeln, schien eine typische weibliche Situation zu sein. Ebenso die selbstverständlichste Sache der Welt.

Ich halte diese damalige Konstellation für die Ursache für oft völlig unverständliches weibliches Verhalten. Es ist die Schamgeschichte unserer weiblichen Vorfahren. Scham ist ein Gefühl, das den Selbstwert angreift und das Lebensgefühl torpediert. Darüber hinaus ist diese Art der Scham ein Gefühl, das nicht durch eigenes Schuldverhalten erzeugt worden ist, also auch nicht wiedergutgemacht werden kann. Der Scham ist man hilflos ausgesetzt, sie macht einen schwach und ohnmächtig. Gleichzeitig wird dieses Schamgefühl durchsetzt mit Schuld, man verdächtigt sich selbst, dennoch in irgendeiner Weise schuldig zu sein. Und gerade bei Schwangerschaften – selbst bei jenen, die durch Vergewaltigung entstanden sind – fühlte sich die Frau oft mitschuldig.

Im Falle meiner Mutter hatte diese Schwangerschaft verheerende Folgen. Sie wurde unverzüglich nach Bekanntwerden als «Hure» aus dem Elternhaus verbannt. Auch ihre geliebte Tätigkeit verlor sie. Während der Schwängerer in Amt und Würden blieb, wurde meine Mutter in ein Heim für «gefallene Mädchen» gesteckt. Man stelle sich vor! Meine Mutter wusste nicht einmal, was gefallene Mädchen waren, ein Begriff, der ihr bis dahin noch nie begegnet war. Sie gebar das Kind. Der Kindsvater meldete sich pflichtbewusst und ging sonntags mit Kind und Mutter spazieren. Meine Mutter sprach den Herrn noch immer per Sie an. Insgeheim hoffte sie, dass er sie heiratete und aus der Schmach erlöste. Eines Tages teilte er ihr mit: «Nun wird doch noch alles gut.» Sie war voller Hoffnung, aber die Enttäuschung folgte auf dem Fuß, als sie erfuhr, dass er zwar heiraten werde, um das Kind zu sich zu nehmen, aber nicht sie, sondern eine andere Frau. Meine Mutter trennte sich mit größtem Schmerz von diesem Kind, das damals zwei Jahre alt war. Sie dachte, so wird wenigstens dem Kind die Schmach erspart, nicht in einer intakten Familie aufzuwachsen.

Meine Mutter indessen kehrte in die Klinik zurück, gebrandmarkt zwar, doch nach wie vor sehr beliebt. Ihr Vater aber verbot ihr weiterhin, nach Hause zu kommen.

Nach einigen Jahren lernte sie mit sechsundzwanzig meinen Vater, einen 56-jährigen Witwer, kennen. Sie wurde erneut schwanger. Er heiratete sie. Und damit begann eine neue Leidensgeschichte. Der Geschwängerten, die in eine Familie mit vier erwachsenen Töchtern einheiratete, zwei davon waren älter als sie, war größte Ablehnung gewiss. Irgendwie verständlich, denn die Töchter hatten mit ihrem Vater nach dem Tod der Mutter in einer eingeschworenen, gut funktionierenden Gemeinschaft gelebt. So war meine Mutter vor allem ein Störfaktor, der diese Idylle beendete. Sie versuchte, sich mit vielen Liebesdiensten bei den Töchtern etwas Anerkennung zu verschaffen, was aber nicht funktionierte. Auch wenn ihre Dienstleistungen willkommen waren – schließlich war sie äußerst fleißig und geschickt, nähte, bügelte, putzte und hielt den Haushalt piekfein –, blieb sie doch die Außenseiterin, die nicht dazugehörte und mit Verachtung gestraft wurde. Als dann meine Schwester zur Welt kam, während die Töchter selbst noch keine Kinder hatten, übernahmen diese wie selbstverständlich die Betreuung, und meine Mutter hatte nicht mehr viel zu melden. Nun hatte sie zwar wieder ein Kind und hatte doch keines. In ihrer Herkunftsfamilie war man nach der Legalisierung des zweiten Schwangerschaftsunfalls etwas milder gestimmt, sie durfte wieder das Elternhaus betreten. Aber dass sie einen deutschen Mann geheiratet hatte, zudem im Alter des eigenen Vaters, verzieh man ihr nicht. Zusammengefasst: Meine Mutter schämte sich zeitlebens für das, was ihr als junges Mädchen ohne ihr Dazutun einfach zugestoßen ist, und später als Ehefrau wiederholte sich alles nochmals. Denn ihr Mann hatte für sie keinerlei Verständnis, auch hätte er sich niemals vermittelnd zwischen die Töchterfront und meine Mutter gestellt. In seinen Augen war seine Frau irgendwie viel zu empfindlich, während er seinen Töchtern einwandfreies Verhalten attestierte. Die Ehe war schlecht, was unter diesen Umständen kein Wunder war. Als meine Mutter nochmals schwanger wurde und die Töchter meines Vaters sie unzimperlich auf die Möglichkeit eines Schwangerschaftsabbruchs mit den Worten hinwiesen: «Du wirst uns diese Schande nicht noch einmal zufügen wollen», gehorchte sie. Sie war eine abermals Gezeichnete, und so fühlte sie sich. Das Wort, das sie am häufigsten benutzte, war: «Ich habe Hemmungen.» Am liebsten wäre sie wohl ganz vom Erdboden verschwunden. Ihre Anwesenheit auf Erden war ihr unendlich peinlich, bis zum letzten Atemzug. Und ich frage mich, wie ihr Herz dies alles durchgestanden hat.

Aber sie lebte auch eine andere Seite. Sie war tüchtig, trotz allem gesellig und vor allem sehr hilfsbereit. Nach dem Krieg war sie stets in irgendwelchen Hilfsaktionen tätig, nahm auch Menschen bei uns auf – einmal eine verstoßene junge Schwangere –, die sie verköstigte und sich liebevoll um sie kümmerte. Dazu arbeitete sie in einer Textilfabrik und nähte mit großem Geschick die ersten Modelle nach Entwürfen. Sie war die Ernährerin der ganzen Familie – mein Vater war zum Zeitpunkt meiner Geburt vierundsechzig und nicht mehr erwerbstätig. Er kümmerte sich um den großen Garten und gelegentlich um den Haushalt. Meine Mutter aber führte das ganze Management mit großem Engagement, sie verdiente das Geld, besorgte den Haushalt und war für alle da. Sie war die beste Zuhörerin, die man sich wünschen konnte, konzentriert, aufmerksam, einfühlsam, und ihre Antworten waren klug, durchdacht und gründeten in einer Tiefe, die man vor allem bei Menschen findet, die Schweres durchgemacht hatten. Für mich war meine Mutter der absolut verlässliche Mittelpunkt meines Lebens.

Aber als ich älter wurde, bekam ich ein großes Problem. Ich kam mit ihrem durch und durch miesen Selbstwertgefühl nicht klar. Einerseits erlebte ich sie als Frau, die mit höchsten Kompetenzen ausgestattet war, um alle Lebenslagen zu meistern, andererseits gebärdete sie sich wie ein Häufchen Elend. Das Dilemma, das in einem kindlichen Gemüt entsteht, ist schwer zu bewältigen. Für das Kind ist die Mutter in der Regel die Repräsentantin der erwachsenen Welt, die alles regelt, ordnet und weiß und gleichzeitig die eigene Beheimatung sicherstellt – im Erleben des Kindes eine Königin mit umfassender Verfügungsgewalt. Gleichzeitig aber erlebt es diese tiefe Verunsicherung der Mutter, die sich in ihrer geringen Selbstachtung oder gar Selbstentwertung zum Ausdruck bringt. Auch wenn die Mutter nicht darüber spricht, so teilt sich dieses Grundgefühl dem Kind mit. Da die Mutter für das Mädchen Identitätsfigur ist, liefert sie der Tochter ein angeschlagenes, ramponiertes Vorbild. Wie aber soll die Tochter damit umgehen, wie damit fertig werden, dass ausgerechnet ihre geliebte Mutter ein derartig jämmerliches Bild abgibt?

Das brachte mich in eine beinahe ausweglose Situation,

denn ich liebte meine Mutter über alles. Sie war liebevoll, verlässlich, ich fühlte mich von ihr durch und durch verstanden, sie konnte zuhören, sie war an mir und meinem Innenleben interessiert, ich war ihr Augapfel, ihre Freude. Ich kenne das verdammt gute Gefühl, wie es ist, immer zu spüren: Es ist schön, dass es dich gibt. Ich kenne die Wonne, sich im Blick der Mutter zu aalen. Was will ein Kind mehr? Die Schwierigkeit aber bestand darin, dass meine Mutter gleichzeitig eine durch und durch entwertete Frau war. Sie hatte nichts zu melden, obwohl sie als Fabrikarbeiterin für die ganze Familie aufkam, erntete sie nur Missachtung und gelegentlich auch Häme und Hohn innerhalb der Familie. Die Ehemänner meiner Halbschwestern hatten lediglich ein müdes Lächeln für die Frau übrig, die ihnen jeden Sonntagabend ein aufwendiges Abendessen zubereitete und auch alles noch selbst bezahlte. Oder wenn sie am Samstag bei einer ihrer Stieftöchter in der Waschküche stand und im mit Holz befeuerten Zuber die Wäsche wusch, wurde dieser Dienst zwar gerne angenommen, die Wertschätzung indessen fehlte vollkommen. So konnte ich die schizophrene Beobachtung machen, dass eine Frau noch so tüchtig und fleißig und liebevoll sein kann, die Anerkennung bleibt dennoch aus. Daher wusste ich bereits mit fünf Jahren: Diese Rolle kommt für mich nicht infrage.

Gleichzeitig musste ich mit meinen ambivalenten Gefühlen klarkommen. Auf der einen Seite liebte und achtete ich meine Mutter, auf der anderen Seite verachtete ich sie und schämte mich für sie. Wie ist das möglich, so grübelte ich, dass eine gescheite und tüchtige Frau wie sie derart wenig Anerkennung und Wertschätzung erfährt. Und was noch schlimmer war: dass sie sich nicht für ihre Würde einsetzt, kämpft und die Schwiegersöhne einfach aus dem Haus jagt.

Frauen, und dies gilt bis in die heutige Zeit, setzen sich

nicht für sich ein, sie kämpfen weder darum, dass ihnen Respekt gezollt wird, noch treten sie entschieden dafür ein, dass ihre Würde gewahrt bleibt. Für jede Tochter ist dieses Verhalten unverständlich und kaum verdaubar. Und weil in der Regel darüber nicht gesprochen wird, schwelt der ganze Konflikt im Untergrund und vererbt sich an die nächste Generation weiter.

In westlichen Kulturen setzt sich die Tradition, Frauen zu entwerten, in neuen TV-Formaten fort, eine Beschämungs-Unterhaltungsindustrie, die sich größter Beliebtheit erfreut und Quoten in die Höhe schnellen lässt. Eine neue Dimension der Vermarktung von Weiblichkeit ist eröffnet: Körperliche Maßeinheiten werden – falls sie nicht punktgenau den Vorgaben entsprechen – wie in einem Schauprozess für Kriegsverbrechen angeprangert, die Reaktionen der zutiefst Gekränkten und Beschämten werden öffentlich illustriert, ebenso die Beteuerungen, sich bessern zu wollen, künftig noch größere Anstrengungen aufzubringen, um der vorgeschriebenen Vermessung zu genügen. Und während sich die einen als Zuschauer voyeuristisch am Demütigungsritual erquicken, lassen sich die Protagonistinnen wie hilflose Schafe zur Schlachtbank führen.

Eine andere Art, unter seine eigene Würde abzusinken, besteht darin, sich eines alten Modells zu bedienen: Wenn Frauen durch ihr Frauenleben stöckeln, weiterhin keine weiteren Ambitionen kennen, als ihre primären und sekundären Geschlechtsmerkmale zu bewirtschaften mit dem Ziel, möglichst einen geeigneten Bewerber für sich zu interessieren, der den Unterhalt ihrer Weiblichkeit ökonomisch garantiert, nach dem unbewussten aber bestimmenden Motto: «Ich gefalle, also bin ich», oder die Steigerung davon: «Ich werde begehrt, also bin ich.»

Ich bin weit davon entfernt, mich von diesen Frauen zu distanzieren. Im Gegenteil, ich kenne aus eigener Erfahrung den verzweifelten Versuch, sich an jedem Grashalm festzuhalten. Glücklicherweise lief in meinem Leben einiges nicht so wie geplant, sodass ich gezwungen wurde, über mich nachzudenken.

Als ich im zarten Alter von 42 Jahren völlig unvorbereitet in die Wechseljahre hineinsegelte, schrieb ich ein Buch darüber und führte Tagungen dazu durch. Als ich die Teilnehmerinnen sah, dachte ich zunächst, mich trifft der Schlag. Da saßen sie, die Frauen, im Zuschnitt meiner Mutter, artig, freundlich, dabei vor Unwertgefühl strotzend, mit ihren Handtäschchen auf dem Schoß, den blank geputzten Pumps, dem geblümten Sonntagsrock. Sie hockten wie Hühner auf der Stange. Am liebsten hätte ich das Seminar verlassen, zu peinlich, zu schmerzlich, zu fürchterlich war dieser Anblick. Weil ich aber die Leiterin war, konnte ich nicht einfach das Handtuch werfen, sondern musste ausharren, musste mich durch die vielen Entwertungsgeschichten, die sie erzählten, durcharbeiten. Statt mich zu verschließen, ließ ich mich von ihren Erzählungen bewegen und berühren.

Und so gelangte ich auch zu dem Schmerz, die eigene Mutter als eine zutiefst gedemütigte Frau zu erkennen, die die Entwertung ihrer Person als von Gott gegeben hinnahm, in ihr eigenes Selbstbild einbaute und so ein miserables Selbstbewusstsein entwickelte. Was zur Folge hatte, dass sie sich jedem aufgeblasenen Schaumschläger automatisch unterlegen fühlte. Manchmal hatte ich den Eindruck, dass sie sich gar schämte, überhaupt auf der Welt zu sein. Das hat mich zutiefst gekränkt und gequält. In diesen intensiven Auseinandersetzungen lernte ich, statt mich von der Peinlichkeit abzuwenden, hinzuschauen, hinzuhören und die Frauen in der Bearbeitung ihrer Kränkungen zu begleiten.

So gesehen, begleitete ich viele Mütter stellvertretend für meine eigene. Und dabei bin ich mir begegnet. Ich glaube, dies war der weiteste Weg, den ich je zurückgelegt habe. In dieser Arbeit aber gelangte ich allmählich zu einem tief empfundenen Mitgefühl für alle Frauen und ermöglichte mir damit die Bejahung meiner eigenen Weiblichkeit. Inzwischen habe ich in mir einen absolut unerschütterlichen Liebesraum für Schwestern, Töchter und Mütter eingerichtet.

5.
*Wie die eigene Mutter das Selbstbild und die Beziehung*
*zu anderen Frauen beeinflusst*

Es gibt Frauen, die meiden ganz bewusst den Kontakt mit anderen Frauen. Ja, es kann sogar sein, dass sie stolz verkünden, grundsätzlich besser mit Männern auszukommen als mit ihren Geschlechtsgenossinnen. Zur Begründung werden die üblichen Klischees aufgezählt: Frauen seien eben hinterhältig, neidisch und intrigant, zudem werden ihnen Motivationen untergeschoben, die sie selbst zutiefst verachten:

Die will sich ja nur wichtig machen!

Die will nur im Mittelpunkt stehen!

Die hat es nur auf das Geld des Mannes abgesehen!

Die will einfach versorgt sein!

Dass sich vor diesem Hintergrund keine neuen Erfahrungen machen lassen, die das Vorurteil korrigieren könnten, liegt auf der Hand. Stattdessen entwickelt sich mit den Jahren eine ziemlich ätzende Frauenfeindlichkeit, Grundlage für stutenbissiges Verhalten, für Schwesternstreit und Weiberzoff.

Gegen heftige Auseinandersetzungen wäre ja nichts einzuwenden, wenn gelegentlich die Fetzen fliegen und unterschiedliche Meinungen und Ansichten aufeinanderprallen. Aber die Sache hat einen Haken: Wenn wir grundsätzlich anderen Frauen gegenüber feindselig eingestellt sind, ihnen misstrauen, ihnen die negativsten Motive für ihr Handeln unterstellen und diese auch noch als typisch weiblich bezeichnen, also biologische Gründe dafür verantwortlich machen, dann wird es ziemlich eng im eigenen weiblichen Selbstwertgefühl. Denn wer selbst dem weiblichen Geschlecht angehört und verachtend über die eigenen Geschlechtsgenossinnen denkt und spricht, kann zu sich selbst kein freundschaftlich gutes Verhältnis unterhalten, sondern steht mit der eigenen Weiblichkeit auf Kriegsfuß. Und eine Mutter, die selbst in dieser Entwertungsspirale gefangen ist, wird der Tochter wenig Anlass dafür geben, mit ihrer eigenen Weiblichkeit wertschätzend umzugehen.

Es ist noch ein anderer Aspekt zu beachten. Bereits kleine Mädchen lernen früh, die Mutter nach ihren Mängeln und nicht nach ihren Fähigkeiten zu beurteilen. Da sie ja immer wieder Zeugin davon sind, wie sehr sich die Mutter auch bemüht, ihrer Rolle gerecht zu werden, erleben sie ebenso mit, wie das Ziel kaum zu erreichen ist und, falls sie es dennoch erreicht, dies von niemandem zur Kenntnis genommen wird, oft nicht einmal von ihr selbst. Die Tochter muss in vielen Fällen miterleben, wie die Mutter trotz hoher Leistung keinerlei Würdigung erfährt. Damit die Tochter die Spielregeln in dieser Welt verstehen kann, vor allem die, nach denen speziell ihre Mutter handelt, benötigt sie ein Erklärungsmodell. Da sie in jungen Jahren noch kaum in der Lage ist, gesellschaftspolitische Zusammenhänge zu durchschauen, wird sie versuchen, die mangelnde Anerkennung für die Leistungen der Mutter an ihren allfälligen Mängeln festzumachen. Sie sucht – und sie findet. Und diesen Blick wird sie unter Umständen beibehalten, wenn es um die Beurteilung von anderen Frauen geht. Frauen finden bei anderen Frauen sofort die Schwachstellen, ein kurzer Blick genügt, und sie erfassen alles blitzartig. Diese Frauen sind sogar geradezu virtuos, angebliche Fehler anzumahnen, die mit den Leistungen der zu Beurteilenden nicht das Geringste zu tun haben. So wird z. B. oft bei Politikerinnen gerade von Frauen anstelle der Kompetenzen ihr äußeres Erscheinungsbild beurteilt.

Dies alles führt dazu, dass Frauen sowohl von anderen Frauen als auch von sich selbst keine gute Meinung haben. Frauen mit negativem Selbstkonzept haben wenig Selbstvertrauen, kein gutes Selbstwertgefühl und glauben nicht an ihre eigenen Fähigkeiten. Eigene Gefühle können nicht gut wahrgenommen werden, sie scheuen sich davor, Emotionen zuzulassen. Frauen, die ihre Gefühle offen zum Ausdruck bringen oder gar in Tränen ausbrechen, sind ihnen suspekt, lieber fliehen sie vor ihnen und entwerten sie als «Heulsusen». Sarkasmus und Zynismus werden als Waffe eingesetzt, um sich nicht berühren zu lassen. Die Realität wird häufig verzerrt, es fällt diesen Frauen schwer, sich zu sehen, wie sie sind. Sie schwanken zwischen Schwarz und Weiß, zwischen Gut und Böse, Zwischentöne kennen sie nicht. Der eigene Unwert wird mit Größenfantasien kompensiert, «irgendwann komme ich noch ganz groß raus». Solche Frauen haben wenig Vertrauen in ihr eigenes Erleben, sie versuchen alles mit dem Verstand zu regeln. Wenn ihnen etwas nicht passt, reagieren sie entweder mit Rückzug und Trotz oder mit heimlichem Widerstand, offenen und ehrlichen Aussprachen weichen sie aus. Kommt es zu Konfrontationen, wo Fakten unausweichlich offengelegt werden, fühlen sie sich in ihren Persönlichkeitsrechten verletzt.

Dieses Psychogramm gibt wenig Spielraum, Bewältigungskompetenzen zu entwickeln, um allfällige Konflikte anzugehen und sie zu lösen. Solche Frauen sind misserfolgsorientiert, sie können sich z. B. beruflich noch so anstrengen und auf der Karriereleiter auch einige Sprossen hochsteigen, dennoch stolpern sie immer wieder über ihr eigenes Frauenbild und damit über sich selbst.

Zunächst fühlen sie sich in reinen Männerteams meist sehr wohl, und wenn die Kollegen abwertende Witze über Frauen machen, solidarisieren sie sich mit ihnen, lachen mit und sehen sich in ihrem negativen Urteil über ihre Geschlechtsgenossinnen bestätigt. Der eher nach Fakten ausgerichtete Umgang unter Männern entspricht ihnen, da hier keinerlei Gefahr droht, dass jemand von Emotionen geschüttelt zusammenbricht. Das geht so lange einigermaßen gut, bis die unter Männern typischen Seilschaften ins Spiel kommen.

Raffaela, achtunddreißig, war als einzige Frau Mitglied der sechsköpfigen Geschäftsleitung eines großen Konzerns. Sie verkündete bei jeder Gelegenheit, wie toll es sei und wie problemlos es klappe, ausschließlich mit Männern zusammenzuarbeiten. Die Männer unter sich funktionierten hervorragend, der eine übernahm das Präsidium des Verwaltungsrates, ein anderer wurde CEO, ein Dritter besetzte ebenfalls als CEO eine europäische Außenstelle, und den anderen flossen weitere zusätzliche Pöstchen zu. Raffaela blieb aber über Jahre auf der ursprünglichen Position sitzen. Als ihr zufällig die Lohnliste in die Hände fiel, war sie nicht nur enttäuscht, sondern wütend. Sie ging stets davon aus, gleichwertig mit ihren männlichen Kollegen zu sein. Es war für sie nicht einfach, den Zusammenhang zwischen ihrer eigenen Frauenfeindlichkeit und ihrer Chancenlosigkeit in Männergremien zu erkennen. Erst als sie begann, das mütterliche Erbe bezüglich der Beurteilung des Weiblichen zu analysieren, konnte sie allmählich verstehen, in welche Falle sie geraten war.

Es gibt aber auch Frauen mit einem schlechten Frauenbild, die es magnetisch in Berufsfelder zieht, in denen vorwiegend Frauen arbeiten, um den eigenen Mangel zu kompensieren. Dieser Versuch, sich mit Frauen anzufreunden, wäre durchaus eine gute Möglichkeit, sich mit sich selbst ebenfalls auszusöhnen, natürlich vorausgesetzt, das Problem ist bereits erfasst worden.

Jolanda, eine achtundvierzigjährige Lehrerin an einem Mädchengymnasium, ist der Prototyp einer Frau mit negativem Selbstkonzept. Mit ihrer Mutter hat sie große Probleme: «Ich halte das nicht mehr aus», klagt sie. «Meine Mutter hat sich den Oberschenkel gebrochen und liegt im Krankenhaus. Nun erwartet sie von mir, dass ich sie stets besuchen komme und mich intensiv um sie kümmere. Wie soll ich das machen? Sie wohnt 200 km von mir entfernt! Zudem kann ich sie auch im gesunden Zustand kaum ertragen, diesen fordernden Blick, den sie hat, dieses wehleidige Getue von ihr, immer herumjammern und stets kurz vor dem Flennen! Aber wenn ich mich um sie kümmere, ist es nie genug, es käme auch nie so etwas wie Anerkennung für das, was ich für sie tue.» Die Beziehung zur Mutter ist äußerst angespannt. Jolanda fühlt sich von ihr unter Druck gesetzt, ja sie geht sogar so weit zu fantasieren, die Mutter habe sich absichtlich die Knochen gebrochen, um die Tochter auf den Plan zu rufen. Jolandas Gefühl: «Ich kann mir hier zwar den Arsch aufreißen, aber es ist nie gut genug, und zudem bekomme ich nichts dafür.»

Diese Grundhaltung sorgt dafür, dass ihre Beziehungen zu anderen Frauen äußerst problematisch sind. Die Tatsache, dass sie ausgerechnet in einem Mädchengymnasium arbeitet, könnte zwar dahingehend verstanden werden, dass sie auf der Suche nach der weiblichen Identität ist, die ihr mit dem Vorbild Mutter nicht gelungen ist. Da sie aber grundsätzlich vor allem flieht, was mit Gefühlen zu tun hat, und sie Schülerinnen, die emotional bewegt sind, ohne Weiteres als «Plärrtanten» tituliert, ist dieser Weg leider versperrt. Die Abwehrhaltung gegen den Gefühlsbereich äußert sich in einem forschen, durchaus frischen Auftreten, das als zielstrebiges Zupacken gedeutet werden könnte. Die Baustelle, die sich hinter dieser Fassade verbirgt, zeigt sich in einer steten, unermüdlichen Geschäftigkeit. Die Gefahr, dabei auszubrennen, ist groß.

So ist es nicht verwunderlich, dass Jolanda weder zu sich in einem guten Selbstkontakt steht noch zu anderen echte freundschaftliche Beziehungen unterhält, sondern eher oberflächliche vorzieht. Dafür unterhält sie aber mit einigen Müttern ihrer Schülerinnen pseudofreundschaftliche Kontakte – was sich vor allem auf den Schulbetrieb nicht immer günstig auswirkt.

Beruflich erlitt sie bereits mehrere Male Schiffbruch. Obwohl sie sich dank ihrer raschen Auffassungsgabe und unkomplizierten Art immer wieder in eine gute Position hochzuarbeiten vermochte, dreimal sogar bis in eine Kaderposition, endete die Karriereleiter jäh, und sie stürzte ab. Ihr Verhalten führte jedes Mal entweder zu einer fristlosen Kündigung oder zu einer Vertragsauflösung mit sofortiger Wirkung. Als ob sie es darauf abgesehen hätte, Misserfolg zu ernten, sägte sie jeweils ausgerechnet an dem Ast, auf dem sie saß.

Was aber ist der Grund für ihren Absturz? Da es sich durchwegs um Frauenteams handelte, liegt die Vermutung nahe, dass sie ihre negative Mutterbeziehung auf andere Frauen übertrug. Ihr negatives Selbstkonzept übertrug sie auf andere, vor allem auf jene Frauen, die einen guten Selbstkontakt hatten und ihre Gefühle wahrzunehmen in der Lage waren. Prüfungsarbeiten dieser Frauen unterlagen bei Jolanda einer besonders harten Beurteilung und führten oft zu Beschwerden. Da sie kaum über sich selbst nachdachte und sich nicht selbstkritisch hinterfragte, sondern Kritiken kurzerhand einfach abschmetterte, war auch keine Auseinandersetzung mit ihr möglich. Es war nur eine Frage der Zeit, dass sich dieses Verhalten auch im Lehrerkollegium zeigte und zu

Schwierigkeiten führte. So scheute Jolanda nicht davor zurück, über ihre Kolleginnen hinter ihrem Rücken schlecht zu reden und sie zu bezichtigen, für ihren Job nicht über ausreichende Kompetenzen zu verfügen. Diese Intrige machte auch vor der Direktorin nicht halt, der sie ebenfalls Unfähigkeit nachsagte. Die Chefin rückte plötzlich in die Rolle der Übermutter, die auch noch die Hypothek von Jolandas Mutter zu tilgen hatte.

Eine Übermutter kann machen, was sie will, es ist immer falsch. Jolanda war enttäuscht, dass die Übermutter nicht spürte, wie es ihr ging und was sie eigentlich brauchte. Der Hass auf die eigene Mutter braute sich über der Übermutter zusammen, und sie begann, hinter ihrem Rücken schlecht über sie zu reden, bezichtigte sie gar der Unfähigkeit, die Schule zu leiten. Zudem verbreitete sie dies alles auch an ihre Schülerinnen. Sie hätte aber nie ein Wort des Unmuts oder der Unzufriedenheit direkt an ihre Chefin gerichtet, sondern ließ sie im guten Glauben, alles sei in bester Ordnung. Eines Tages landete irrtümlich eine Mail von ihr auf dem Schreibtisch der Chefin. Da stand es dann schwarz auf weiß, wie schlecht Jolanda von ihr sprach. Jolanda bekam die fristlose Kündigung. Sie war am Boden zerstört und hatte das Gefühl, Opfer eines Komplotts zu sein. Wenn sich in einem Leben eine solche selbst erzeugte Katastrophe dreimal wiederholt, sollte darüber nachgedacht werden.

Wer die ganze Angelegenheit nach Faktenlage beurteilt, käme zum Schluss, Jolanda sei einfach etwas dumm. Doch diese Beurteilung funktioniert deshalb nicht, weil ihr nun weiß Gott nicht mangelnde Intelligenz nachgesagt werden kann. Erst wenn wir nach psychologischen Hintergründen fragen, wird klar, was hier geschehen ist und was die Grundlage für diese sich wiederholende Katastrophe darstellt.

Jolandas Selbstbild ist geprägt vom Unwert des Weiblichen. Obwohl sie die Mutter ablehnt oder gar hasst, sitzt das negative Vorbild Mutter tief. Deshalb ist ihr Selbstwert derart angeschlagen, dass sie sich nur noch in ein übersteigertes Selbst retten kann. Damit dieses aufrechterhalten werden kann, muss sie ihre Kolleginnen abwerten und ihnen mangelnde Kompetenz unterschieben. Da daraus eine immense Spannung erzeugt wird, die irgendwie ausgehalten werden muss, reagiert sie mit Überaktivität. Dennoch erzeugt der Vergleich mit anderen, über die sie sich stellt, ständig ein bedrohliches Gefühl der Unterlegenheit, das wiederum abgewehrt werden muss. So ist es nicht verwunderlich, dass Jolanda davon überzeugt war, sie werde nicht anständig bezahlt, andere bekämen mehr und würden ihr vorgezogen, auch wenn faktisch die Gleichbezahlung schwarz auf weiß zu lesen war. Die Enttäuschung über ihre Mutter war für Jolanda sehr kränkend und hinterließ eine tiefe Sehnsucht nach einer starken Mutterfigur. Diese übertrug sie auf die Chefin. Und als diese ihre Erwartungen nicht erfüllte – «sie sollte doch spüren, wie es mir geht» –, fiel der ganze Mutterhass auf die Chefin.

Frauen wie Jolanda, die sich davor scheuen, den Problemen auf den Grund zu gehen, suchen in der Regel ausgerechnet die Hilfe dort, wo sie diese nicht bekommen können. Sie ließ sich von einem Mann (!), der betriebs- und berufsberatend tätig ist, coachen, um auf die Schnelle die Sache in den Griff zu bekommen. Dass dieser tief sitzende Konflikt niemals mit derartigen Methoden zu bewältigen ist, ist ihr nicht aufgefallen. Eher zufällig landete sie über ihren Hausarzt in einer psychotherapeutischen Behandlung. Nun geht sie zweimal die Woche zur Therapie und lernt, auf den Spuren ihrer Mutter sich selbst zu begegnen. Es ist ein langer und beschwerlicher Weg. Denn auch die Mutter lebte all die Jahre von sich entfremdet. Sie bemühte sich zwar, ihrer Rolle einigermaßen gerecht zu werden, aber Jolanda hatte eigentlich keine Ahnung, was sie für ein Mensch ist. Je mehr sie diesen unbekannten Mutterbereich für sich erschließen kann, umso näher kommt sie sich selbst, und das heißt auch ihren Gefühlen.

Während sich die einen den Zugang zu ihrer eigenen weiblichen Identität und zu anderen Frauen mühsam erarbeiten müssen, um sich in kleinen Schritten den weiblichen Wurzeln zu nähern, kann der größere Teil der Frauen auf ein anderes Kapital zurückgreifen, nämlich auf die Beziehung zu ihrer besten Freundin. Landläufig werden zwar Frauenfreundschaften als nicht besonders bedeutend eingestuft und eher unter unterhaltsamer, oberflächlicher Geselligkeit und Vergnügung angesiedelt und vor allem auch von Frauen mit einem negativen Frauenbild entsprechend bewertet: «Freundschaft unter Frauen gibt es nicht.»

Die Realität indessen zeigt andere Ergebnisse, denn von zehn Frauen haben neun eine beste Freundin, mit der sie über alles, was sie bewegt und ihnen wichtig ist, sprechen. Somit erhält die Freundin eine Schlüsselposition, wenn es darum geht, die Mutter-Tochter-Beziehung zu verbessern. Die Freundin springt in die Lücke, um ein positives Bild von weiblicher Identität zu vermitteln, selbst wenn sie selbst noch auf der Suche danach ist. So sind in Frauenfreundschaften oft beide Frauen wie auf einer Entdeckungsreise, um sich selbst zu erkunden, um herauszufinden, was weibliche Identität eigentlich beinhaltet.

Was zeichnet diese Frauenfreundschaft aus, welche Qualitäten weist sie aus, dass es gelingt, sich von ungünstigen Einflüssen abzugrenzen, sich den Weg zur Mutter frei zu machen und Wunden zu heilen?

6.
*Mit der besten Freundin auf der Suche nach weiblicher Identität*

Die Funktion von Frauenfreundschaften ist mehrschichtig. Einmal helfen sich Freundinnen gegenseitig, sich selbst zu erforschen, die eigene weibliche Identität zu entdecken, zum anderen sind sie geeignete Begleiterinnen, wenn es darum geht, der Mutter näherzukommen und mehr über die eigene Mutter und ihre Lebensgeschichte zu erforschen.

Wie ich bereits darauf hingewiesen habe, führt der Weg zu sich selbst und zu einem freundschaftlichen Umgang mit sich selbst über die Mutter. Denn wer mehr über sich wissen möchte, kommt über die Auseinandersetzung mit der Mutter nicht herum. So ist Selbsterkenntnis eng mit der Beziehung zur Mutter verknüpft, und da beides nicht einfach zu bewältigen ist, bietet sich die Begleitung durch die Freundin geradezu an.

Viele Gespräche unter Freundinnen kreisen oft intuitiv um das Thema der Selbsterkenntnis, das auch als stete Suche nach der eigenen weiblichen Identität verstanden werden kann. Wenn die Geschlechtsidentität durch die Mutter nicht zufriedenstellend gefunden wurde, bleiben Wünsche nach einer verlässlichen Orientierung offen. Da selbst in der heutigen Zeit in unserem Kulturraum noch immer für Frauen die Tugend der Selbstlosigkeit als erstrebenswert gilt, bemühen sich viele Frauen, diese Rollenerwartung zu erfüllen. Wenn Töchter miterleben, wie sich die eigene Mutter darin abmüht, möglichst dem Bild einer selbstlosen Frau zu entsprechen, sich dabei vernachlässigt und sich untreu wird, so erleben sie ebenso die verheerenden Folgeschäden davon: Es entsteht alles andere als eine selbstbewusste Frau. Um aus diesem töchterlichen Dilemma einer derartig selbstschädigenden Haltung wieder herauszufinden, helfen sich Freundinnen gegenseitig und betreiben ihre Selbsterforschung.

Obwohl der Weg zu sich selbst bekanntlich oft sehr weit und gelegentlich mit langwierigen Umwegen verbunden ist, scheint es dennoch eine tiefe Sehnsucht zu geben, diesen enormen Aufwand zu betreiben. Gewiss handelt es sich nicht um eine nette Freizeitbeschäftigung, um einen neuen Wellnessbereich für Gelangweilte, sondern um essenzielle Fragen des Lebens. Deshalb möchte ich *Nilus den Älteren* (430 †) zu Worte kommen lassen, der in einem Brief an einen jungen Mönch schreibt: «Vor allem erkenne dich selbst. Denn nichts ist schwieriger, als sich selbst zu erkennen, nichts mühevoller, nichts verlangt mehr Arbeit. Aber wenn du dich selbst erkannt hast, dann wirst du auch Gott erkennen können.» Mit diesem Hinweis erhält die Selbsterforschung eine Legitimation und führt direkt in eine Dimension, in der wir über uns selbst hinausdenken, also in transzendente Bereiche. Mit zunehmendem Älterwerden meldet sich ohnehin als logische Folge des Reifens bei vielen das Bedürfnis, größere Zusammenhänge, die über die Bewältigung des Alltag hinausgehen, verstehen zu können.

Jede Selbsterkenntnis sollte letztlich dazu führen, dass wir in der Lage sind, uns so, wie auch immer wir sind, zu bejahen und uns annehmen. Es geht also darum, sich auf sich selbst freundschaftlich einzustellen, einen wohlwollenden Umgang mit sich selbst zu pflegen und alles, was so zu einem gehört, einzugemeinden, um schließlich sagen zu können: Es ist gut so.

In vielem, was sich Freundinnen inhaltlich erzählen, schwingt die Suche nach der eigenen Wahrheit mit, ohne dass dies besonders benannt wird. Freundinnen erzählen einander, was sie im Alltag bewegt, was sie ärgert, was sie nachdenklich macht, was sie mit Stolz erfüllt, was sie ändern möchten, welche Sehnsüchte und Wünsche sie haben. Aber sie erzählen sich auch Misserfolge, wenn etwas nicht geklappt hat, wenn sie einem Anspruch nicht genügten, wenn sie sich schämten, wenn etwas für sie peinlich war. Die Freundin sorgt dafür, und zwar einfach, indem sie zuhört, ehrlich daran interessiert ist und nicht gleich von sich zu erzählen beginnt oder gar mit Ratschlägen aufwartet, dass der innere Dialog nicht abbricht, sondern der Weg der Selbsterkenntnis konsequent beschritten wird. Und weil es immer wieder unangenehme Bereiche gibt, die man nicht gerne betrachtet, vermittelt sie Sicherheit, sich ruhig dem Wagnis zu stellen. Es gibt selten eine beste Freundin, die angesichts von innersten Enthüllungen vom Stuhl fällt und ausruft: «Wenn dem so ist, so will ich nichts mehr mit dir zu tun haben.» Freundinnengespräche schrecken vor nichts zurück, da werden die Dinge beim Namen genannt, da wird auch nichts beschönigt, da treffen sich zwei Frauen auf Augenhöhe und sind einfach echt und wahrhaftig. Und genau darin liegt das Kapital dieser freundschaftlichen Beziehung.

Freundinnen helfen sich gegenseitig, sich selbst näherzukommen, und übernehmen die Funktion, die sich Töchter eigentlich von ihren Müttern wünschten. Wenn die Mutter dafür nicht infrage kommt, übernehmen Freundinnen diesen wichtigen Part. Und da sie sich grundsätzlich wohlgesinnt sind, muss keine sich vor der anderen verstellen oder etwas vorgeben, was sie nicht ist. Im Gegenteil, die Anwesenheit der

Freundin bestärkt, macht Mut, Schicht für Schicht Übergestülptes und Hinderliches genau unter die Lupe zu nehmen und sich dessen zu entledigen, Fremdes kritisch zu hinterfragen und Korrekturen anzubringen. Die Freundin ist also auf dem Weg zur Selbsterkenntnis von unschätzbarem Wert.

Mehr noch. Mit ihrer Hilfe wagen wir auch die geheimen Wünsche und Sehnsüchte auszusprechen, loten mit ihrer Begleitung auch jene Bereiche aus, die sich bereits schlafend in eine Ecke verkrochen haben. So weiß die Freundin oft am besten Bescheid, was in einem schlummert und noch darauf wartet, aufgeweckt und umgesetzt zu werden. Sie unterstützt dabei, sich immer wieder an die eigenen Anliegen zu erinnern. Mit ihr zusammen gelingt es, innerlich achtsam zu bleiben und aufmerksam in sich hineinzuhören. Sie steht zur Seite, nimmt stellvertretend wie eine Anwältin die Rechte für die andere wahr und verteidigt sie. Freundinnen wachen gegenseitig darüber, dass die Würde nicht verletzt wird. So raten sie niemals dazu, die eigenen Wünsche einfach zu verdrängen, um sich anderen anzupassen. Sie lassen es nicht zu, dass die andere sich unterbuttern lässt oder sich nach den Vorstellungen anderer verbiegt. Sie sind sich gegenseitig eine unentbehrliche Hilfe, sich selbst die Treue zu halten und keinen Verrat an sich selbst zu begehen.

Freundinnen unterstützen sich gegenseitig darin, mit sich in einem inneren Selbstkontakt und damit in einem steten Prozess der Entwicklung zu bleiben. Sie sorgen ebenfalls gegenseitig dafür, dass die Beurteilung eigener vermeintlicher oder aber tatsächlich vorhandener Körpermängel nicht allzu hart ausfällt. So hat die eine längst den Charme der vielleicht etwas zur Üppigkeit neigenden Hüften der Freundin entdeckt, während die andere der knabenhaften Gestalt Bewunderung entgegenbringt. So bringen sie oft viel Sympathie für jene unliebsamen Körperstellen auf und versuchen, die Freundin in der Bewertung milder zu stimmen. Die Freundin ist es, die uns anleitet, mit der vielleicht nicht unserer Vorstellung entsprechenden fülligen Haarpracht fertig zu werden und uns damit anzufreunden. Sie ist es, die den Schmerz zu lindern versucht, wenn wir mit unseren etwas zu klein oder zu groß geratenen Brüsten hadern. Sie hilft die Selbstentwertung zu stoppen, schaut mit mildem Auge auf die Cellulite, legt wohltuend ihre Hand auf die peinliche Stelle, sagt: «Ach komm, lass doch, es ist gut, so wie du bist.» Selten rät die Freundin zur Schönheitsoperation, wenn sie aber dennoch erfolgte, sitzt sie am Bett, hält Händchen und tut alles, damit sie gut überstanden wird und es der Freundin wieder besser geht. Sie bildet die Brücke zur Selbstakzeptanz und schließlich zur Selbstliebe.

Alles, was im besten Fall von der Mutter für die Tochter erfolgen sollte, wird, falls dies nicht möglich war, nun von der Freundin übernommen. Wenn die Mutter der Tochter nicht behilflich sein konnte, die Schönheit des eigenen Körpers zu entdecken, so springt die Freundin ein. Freundinnen haben keinerlei Scheu, sich zu berühren, im Gegenteil, sie genießen es, sich unterzuhaken, ihre Hände zu halten, sich zu streicheln, und sie genießen die Berührung. Auch freuen sie sich, wenn die Freundin in einem umwerfenden Kleid aufkreuzt, und zupfen vielleicht noch an einer Falte herum, damit ihre Figur noch besser zur Geltung kommt. Wir sind entzückt über die hinreißend schöne Frisur, beschwören sie, die Haare niemals mehr anders zu tragen, kurz: Wir freuen uns gegenseitig an unserer Weiblichkeit! Dies alles wäre die Aufgabe der Mutter gewesen.

Der besten Freundin zeigen wir also das wahre Gesicht, erzählen über Quälendes, Erfreuliches, Problematisches. Vor allem lassen wir sie an unserer Entwicklung teilnehmen. Sie ist also eine profunde Kennerin unserer Seelenlandschaft. Da genügt nur ein kleiner Hinweis auf eine bestimmte Situation, und sie weiß, was das seelisch zu bedeuten hat. Sie kennt uns in- und auswendig und weiß über alles Bescheid, denn vor der besten Freundin haben wir keine Geheimnisse. So ist es auch klar, dass sie es als Erste erfährt, wenn wir uns in der Beziehung nicht so glücklich fühlen, sie hört als Erste die leisen Hinweise, ob eine Trennung nicht besser wäre, während der Partner noch nichts davon ahnt. Männer sollten sich deshalb möglichst positiv zu der besten Freundin der Ehefrau oder Partnerin stellen, letztlich sitzt sie an der wichtigsten Schaltstelle, um einen Beziehungsverlauf günstig zu beeinflussen und zum Durchhalten zu ermuntern. Zudem befriedigt sie das Bedürfnis nach emotionaler Nähe, sollte dieses in der Partnerbeziehung etwas zu kurz kommen.

Für viele erwachsene Töchter ist nicht die Mutter, sondern die Freundin der wichtigste emotionale Angelpunkt in ihrem Leben. Ein kurzes Telefongespräch kann bereits genügen, damit sich die Stimmung verändert. Es ist wie ein gutes Aufgehobensein in einer durch und durch verlässlichen Geborgenheit. Zusammen mit der Freundin ist das Überleben gesichert. Wenn Freundschaften über Jahre und Jahrzehnte dauern, erleben Frauen oft das Gefühl, beschützt und begleitet zu werden. Die eigene weibliche Identität zu erforschen erfolgt in vielen Fällen deshalb mithilfe der Freundin und nicht mit der Mutter. Die Freundin springt quasi in die Lücke, die das fehlende positive Vorbild Mutter hinterlassen hat. Die Freundin übernimmt die Navigation, die behutsam die Richtung zur weiblichen Identität zeigt, und hilft, diese auszuloten.

Und noch etwas: In Freundschaften wachsen wir zu unseren besten Eigenschaften, die wir in uns tragen, heran. Sie sind ein hervorragendes Lernfeld, seelische Gesetzmäßigkeiten kennenzulernen. Darüber hinaus fördern sie die eigene Liebesfähigkeit, denn in der Freundschaft lernen wir, auch andere Lebenshaltungen wertschätzend zu respektieren, selbst dann, wenn sie uns zunächst gegen den Strich gehen sollten. Wenn die beste Freundin einen Partner hat, der mir nicht gefällt, werde ich an diesem Modell meine Toleranz üben können. Schließlich ist Freundschaft die uneigennützigste Art von liebender Beziehung füreinander, wir sind uns gegenseitig in unserer Entwicklung behilflich, damit wir den Weg zu uns selbst finden.

Die Psychotherapeutin Verena Kast resümiert in ihrem Buch *Die beste Freundin*, in welchem sie hundert Interviews auswertete: «Generalisiert kann gesagt werden: Bei der besten Freundin spüren Frauen Nähe, Wärme, fühlen sie sich geborgen und sicher, akzeptiert, auch wenn sie etwas machen, das die Freundin eigentlich nicht versteht. Sie können schwach und stark sein, sie können sich aufeinander verlassen in guten und in schlechten Tagen, wobei gerade auch die guten Tage betont werden, sie können offen sie selbst sein, ohne sich verstellen zu müssen, ohne eine Rolle zu spielen; sie haben den Raum, um immer wieder neu herauszufinden, wer sie selbst sind, wer sie selbst sein könnten. Und das alles ist verbunden mit Freude, Spaß und Wohlbefinden.»[2]

So leistet die beste Freundin in vielen Fällen ganz nebenbei psychotherapeutische Arbeit mit größtem Gewinn und ist Geburtshelferin für die weibliche Identität. Da die beste Freundin in der Regel über eine lange Zeitachse verfügt, die tief in die Vergangenheit hineinragt, ist sie eine profunde Kennerin biografischer Zusammenhänge. Sie hat bereits das Ende der ersten Verliebtheit miterlebt, sie hat die verschiedenen Tiefs und Hochs begleitet und hat geholfen, Liebeskummer und Trennungen zu verarbeiten, stützte bei beruflichen Misserfolgen, freute sich, wenn etwas glückte, war Trauzeugin, Patin des ersten Kindes. Sie kennt sich in unserem Leben bestens aus und weiß um die seelischen Hintergründe. Dieser Erfahrungshintergrund wird getragen von einer beinahe unerschütterlichen Liebe zwischen den beiden Frauen. Jedenfalls wäre dies der Idealfall.

Wenn es nun darum geht, die Geschichte der eigenen Mutter kennenzulernen, weist sich die Freundin als kundige Begleiterin aus. Den Spuren der Mutter zu folgen heißt für viele Töchter, in einer Tragödie zu landen, den vielen Verletzungen und Demütigungen nachzuspüren, welche die Mutter einst zu erleiden hatte. Vieles ist zwar bereits nicht unbekannt, hat sich via Nabelschnur weitervererbt, hat sich als implizites Wissen in uns eingenistet, ohne dass wir es in eine direkte Erfahrung einordnen und benennen könnten. Wie inzwischen von der Hirnforschung belegt ist, werden traumatische Erlebnisse der Vorfahren genetisch eingelagert und an die Nachkommen weitervererbt. Wundern wir uns also nicht, wenn wir selbst ohne eigene Demütigungserfahrung wissen, wie es sich anfühlt, erniedrigt zu werden, ohne selbst jemals beschämt worden zu sein, den Blick senken und am liebsten in den Erdboden versinken möchten und den Mund nicht aufmachen, obwohl wir viel zu sagen hätten.

Sich auf die Kränkungs- und Beschämungsgeschichte der eigenen Mutter einzulassen ist für viele Töchter extrem schwierig, ja oft nur schwer vorstellbar. Zu groß ist die Abwehr, sich ausgerechnet in jenen Bereich zu wagen und sich damit auch noch auseinanderzusetzen, den man zutiefst verachtet. Zu mächtig ist die Angst, sich mit der Beschäftigung gleich auch noch die Dazugehörigkeit einzuhandeln und in der Fraktion der Entwerteten zu landen.

Die Beschäftigung mit der mütterlichen Biografie ist aber auch eine intensive Hinwendung zu sich selbst. Wir kommen nicht an uns vorbei, die Fluchtwege funktionieren nicht, denn in dem Moment, wo wir uns der Mutter zuwenden, landen wir stets auf direktem Weg bei den Fragen nach dem eigenen Dasein. Mutter und Tochter sind wie Babuschka-Puppen ineinandergeschichtet; um das kleinere Modell zu finden, muss das größere zuerst geöffnet werden. Und die Freundin übernimmt die Funktion einer Hebamme.

Wir haben vor einiger Zeit am Frauenseminar Bodensee einen Freundinnentag eingeführt. Wir wissen aus Erfahrung, wie wichtig es für Frauen ist, eine Wegbegleiterin zu haben. Und gerade im Laufe eines Ausbildungsganges kommt es immer wieder vor, dass das eigene Selbstbild und die eigene Welt, so wie wir sie uns eingerichtet haben, ins Wanken gerät. Wenn wir wissen, dass eine Studentin eine Freundin hat, die sie begleitet, sind wir sehr beruhigt und wissen, dass sie in besten Händen ist. Wir erleben die Freundin wie eine Kooperationspartnerin, die ebenfalls ein großes Interesse an ihrem Wohlbefinden und an ihrer Entwicklung hat. Wir wollten also die Freundinnen unserer Schülerinnen an diesem Tag ehren und ihnen danken. Wir hatten aber nicht bedacht, dass wir es eigentlich mit «Liebespaaren» zu tun haben. Dies zeigte sich ganz einfach an der Sitzordnung, bei der nicht vorgesehen war, dass immer zwei Stühle dicht nebeneinanderstanden. So wurden als Erstes die Sitze zurechtgerückt, die Freundinnen wollten sich nahe sein, einige hielten sich bei der Hand, andere legten den Arm über ihre Schulter oder die Sitzlehne.

Wir erleben selten Veranstaltungen von einer derart intensiven, wohlwollenden Energie!

So ist die Annäherung an andere Frauen, die Versöhnung mit ihnen gleichzeitig auch die Versöhnung mit sich selbst.

Und wenn es mir möglich ist, Freundschaft mit einer anderen Frau einzugehen, ist es ein wichtiger Schritt hin zu einem freundschaftlichen Umgang mit mir selbst.

Frauenfreundschaften eröffnen den Weg, sich vollständig mit der tief verwundeten Weiblichkeit zu versöhnen und damit die eigene Mutter zu rehabilitieren. Auf diese Weise entsteht weibliche Freiheit, die auf dem Vertrauen unter Frauen basiert und durch einen unverbrüchlichen sozialen Pakt unter ihresgleichen abgesichert wird. Damit entsteht die Möglichkeit, eine positive Mutter-Tochter-Beziehung zu gestalten, in der sich die Tochter nicht mehr am Mangel der Mutter orientiert und diese Sichtweise auf andere Frauen und auf sich selbst überträgt, sondern Weiblichkeit aus dem Bezugspunkt zu einer anderen Frau neu entwickeln und definieren kann. Der Begriff «Affidamento», der diese neue Beziehungsqualität unter Frauen bezeichnet, wurde bereits in den Siebzigerjahren von der Mailänder Frauengruppe eingeführt.

Es ist also nicht verwunderlich, wenn Frauenfreundschaften unter Frauen einen besonders hohen Stellenwert einnehmen. Wenn solche Freundschaften scheitern, ist das für die Betroffenen in der Regel eine große Tragödie. Sie steht dem seelischen Schmerz, den eine Scheidung mit sich bringt, in nichts nach. Wer von einer Freundin enttäuscht wurde, trägt schwer daran. Wer gar erlebt hat, dass die beste Freundin den eigenen Liebespartner ausgespannt hat, fällt in ein tiefes Loch und zweifelt an der Ehrlichkeit der Menschen. Die ungünstigste Variante, damit umzugehen, ist, sich nie mehr in freundschaftliche Gefilde zu wagen. Es gibt auch keine Garantie, dass dies nicht wieder geschieht. Das gehört zum Lebensrisiko. Gemessen aber an dem großen Gewinn, den eine Frauenfreundschaft zu bringen in der Lage ist, lohnt es sich, das Wagnis, einer Freundin zu vertrauen, immer wieder erneut einzugehen.

Der Weg zu uns selbst führt über die Mutter. Wenn wir ihrer Lebensgeschichte folgen, landen wir bei ihr als Frau, frei von aufgezwungenen und sie entstellenden Rollenbildern. Wir säubern ihr Bild von fremden, sie schädigenden Einschüssen. Und wenn wir ihr von Angesicht zu Angesicht begegnen, spiegelt sie uns das eigene zurück. Wenn sie zurückkehren kann zu ihrem Ursprung, dann gelingt es uns als ihrer Tochter ebenfalls. Mit dieser Auseinandersetzung befreien wir die eigene Mutter aus den vielen unsäglichen Entwertungen, die ihr widerfahren sind, und wir begegnen ihr mit einer tief empfundenen Anerkennung für alles, was sie in ihrem Leben gemeistert hat. Und damit ist der Weg zur eigenen Selbstachtung nicht mehr weit, zu einem Einverständnis mit sich und der eigenen Weiblichkeit.

Dabei stoßen wir noch auf eine weitere Überraschung: Die eigene Mutter ist kein Einzelfall. Sie ist Repräsentantin und steht für das, was viele Frauen in unserer Gesellschaft erleben und erlebt haben. Um sich selbst und die eigene Mutter verstehen zu können, sollte der Blick über den eigenen Schrebergarten hinausgehen, um möglichst viele Facetten und Zusammenhänge erkennen zu können. Dies gibt schließlich den Blick frei für ein umfassenderes Verständnis für Frauen. Damit wäre auch endgültig Schluss mit der Stutenbissigkeit unter Frauen. Wir würden anderen Frauen gegenüber sehr viel verständnisvoller begegnen, anstelle von Entwertung würden wir einen wertschätzenden Umgang miteinander leben. Das Wissen um das schwierige Erbe, das in uns hockt, würde uns nicht nur nachsichtiger, umgänglicher, freundlicher und letztlich solidarischer machen, sondern uns gleichermaßen in die Lage versetzen, einen konstruktiven Beitrag für die Wertschätzung der Frau zu leisten.

So bildet die Beziehung zu einer anderen Frau eine wichtige Verbindung zur innersten Quelle, damit wir zu uns zurückfinden, um so zu werden, wie uns die Schöpfung gemeint hat.

## 7

## Schicht für Schicht Frauengeschichte freischaufeln

Die Geschichten unserer Mütter ähneln sich. In beinahe allen weiblichen Biografien finden sich aufgrund ihrer geschlechtlichen Zugehörigkeit Demütigungen, Beschämungen, Kränkungen und Entwürdigungen. Gelegentlich sind die Signaturen etwas verwischt, mit zahlreichen Selbstverständlichkeiten und Klischees verstellt. Die Entwertungs- und Entwürdigungsklassiker finden sich in folgenden Themenbereichen: Muttermythos, Sexualität, Bildung, Beruf und Finanzen.

Je mehr wir uns topografische Kenntnisse über die Beschaffenheit weiblicher Kränkungen aneignen, desto unbestechlicher wird unsere Wahrnehmung. Wer Zusammenhänge einmal begriffen hat, wird den kritischen Blick nicht mehr verlieren können, sondern erforscht Hintergründe und wird sich dafür einsetzen, alles beim Namen zu nennen. Dies sind die Voraussetzungen, um die Geschichte der Frau und der eigenen Mutter nachvollziehen zu können.

«So wie meine Mutter nie!» ist der Schlüsselsatz, der wie ein Kompass gezielt in die konfliktreiche Mutter-Tochter-Beziehung führt. Schließlich möchte doch jede Tochter stolz auf ihre Mutter sein und sagen können, schaut her, diese wunderbare Frau hier ist meine Mutter. Von ihr stamme ich ab! Sie ist mein Vorbild, ihr eifere ich nach, mit ihr identifiziere ich mich. So wie sie will ich einst als erwachsene Frau im Leben stehen: selbstbewusst und selbstbestimmt.

Die meisten Töchter sind weit davon entfernt, derartig zu argumentieren. Im Gegenteil. Denn viele Töchter erleben ein völlig anderes Bild von ihren Müttern, das sie nicht mit Stolz erfüllt, sondern beschämt, betroffen oder wütend macht. «Meine Mutter hängt schief wie ein havariertes Schiff im Hafen, nur die Taue, die sie um Vater geschlungen hat, bewahren sie davor, ganz abzusaufen. Dabei war sie vor ihrer Heirat Lehrerin. Hat ihr eigenes Geld verdient und war selbstständig. Und jetzt? Sie ist wie ein Häufchen Elend, es ist zum Kotzen!» So bricht es in einem Gemisch von Wut und Tränen aus Sabine in einem Seminar heraus.

Die Tochter ist die authentische Mitwisserin, wie die Mutter versucht, mit Kränkungen und Demütigungen umzugehen, wie sie sich entwürdigen und erniedrigen lässt und wie sie sich bemüht, ihrer Mutterrolle gerecht zu werden.

Sie erlebt, was Muttersein heißt, nämlich einen Rund-um-die-Uhr-Pflichtenkatalog zu erfüllen, darüber hinaus hat sie einen pausenlosen Einsatz zu zeigen, jahrein, jahraus. Sie ist eine multiple Dienstleisterin, angefangen beim Putzservice, sie fungiert als Wasch- und Bügelfachfrau, Köchin und Gärtnerin bis zur Hausaufgabenhilfe, Basteltante und Spielanimatorin. Dazu kommen noch Sondereinsätze für Fahrdienste, Kinderkrankenpflege und Tierpflegerin. Und wenn die Tochter bereits etwas älter ist, sich Gedanken über ihr eigenes Frausein zu machen beginnt, wird sie feststellen, dass die Anforderungen an die Mutterrolle noch in weitere Dimensionen hineinreichen. Auch die Verwandtschaftspflege, sowohl für ihre eigene als auch die angeheiratete, gehört in ihr Ressort. Einladungen mit Selbstgebackenem und Selbstgekochtem gehören zum Pflichtprogramm, Geschenke besorgen, Glückwunschkarten schreiben, bereits mit dem Wörtchen «und» vorbereitet, wo der Gatte nur noch seinen Namen unten rechts anzubringen hat.

Zu ihrer Rolle gehört aber auch ein psychologisches Grundwissen, um den Entwicklungsphasen ihres Kindes gerecht zu werden. Zudem kümmert sie sich um die Beziehungspflege. So liest sie in freien Minuten – oft auf dem Klo – Handbücher zur Erhaltung der Liebe, versucht die Ratschläge umzusetzen, möglichst subtil, um den Partner nicht zu irritieren. Die Pflege ihres Äußeren hat sie genauso ernst zu nehmen, mehr noch, ihre Weiblichkeit sollte nach Möglichkeit sämtliche Register zur erotischen Stimulation in Bewegung setzen, damit der Gemahl nicht auf dumme Ideen kommt und sich aushäusig umsieht. Dann stehen in reicher Auswahl in den Hochglanzzeitschriften per Computer nachgebesserte Modelle zur Verfügung, die sie zwar nie zu erreichen in der Lage ist, denen sie aber wenigstens nachzustreben hat. Die Tochter erlebt, dass die Erhaltung der Figur stets im Mittelpunkt allen weiblichen Strebens steht. Egal, ob es sich um größeres Übergewicht oder um für Außenstehende kaum wahrzunehmende Minipölsterchen handelt oder ob gar nur eingebildeten Pfunden der Kampf angesagt wird: Frau hat auf alle Fälle viel zu tun. Nach jeder Geburt folgt ohnehin der Kampf gegen den eigenen Körper, nachts mehrere Male aufstehen, Kind stillen und sich gleichzeitig in die Jeans zurückhungern ist eher mit einer Selbstfolter zu vergleichen als mit den Gefühlen einer Frau, die im Mutterglück schwimmt. Der durch verschiedene Diäten geschundene Körper gleicht denn eher einem Schlachtfeld, die Behebung und Ausbesserung der Kriegsschäden gehört als Beweis körperlicher Disziplin zum Grundprogramm.

Mutterfrau hat einerseits zu betören und erotisch zu stimulieren, andererseits dem Klischee der selbstlosen, reinen und ungetrübten Mutterliebe gerecht zu werden. Wie es ihr dabei geht, interessiert eh niemanden, nicht einmal sie selbst.

Schafft sie nicht das ganze Programm, zweifelt sie vor allem an sich selbst. Sie zweifelt vor allem auch daran, ob körperlich bei ihr noch alles in Ordnung ist. Die wenigsten wissen, dass rund 80 % der Mütter nach der Geburt über längere Zeit keinerlei Lust auf Sexualität verspüren. Jede denkt, bei ihr speziell sei etwas nicht in Ordnung, und leidet unter einem schlechten Gewissen, wenn sie ihrem Bedürfnis nach sexueller Abstinenz folgt. Die meisten Partnerschaftsprobleme haben ihren Ursprung in der Zeit nach der Geburt des ersten Kindes. Die völlig unterschiedlichen Bedürfnisse kommen in den meisten Fällen nicht zur Sprache, so versuchen beide auf individuelle Weise, damit fertig zu werden. Männer suchen die Entlastung eher anderswo, indem sie fremdgehen, Frauen reagieren mit Selbstvorwürfen, Resignation und Depression. Und diese grundsätzlich trübe Stimmungslage bleibt ihnen auch in den Jahren danach erhalten, sie sorgt dafür, dass die Partnerbeziehung eher einer ungemütlichen Baustelle gleicht als einem Ort des Friedens. So erleben Töchter ihre Mütter nicht als Frauen, die sich des Lebens erfreuen, sondern die mit einer steten oft vergeblichen Anstrengung darum bemüht sind, einem Bild gerecht zu werden. Töchter erleben, dass der Mutter für diesen Kraftakt weder innerhalb der Familie noch im öffentlichen Raum Anerkennung oder Wertschätzung entgegenkommt. Vor allem müsste sie auch ihrer Leistung entsprechend entlohnt werden.

Der Tochter entgeht nichts, sie beobachtet die Mutter in ihrem Tun. Auch wenn sie als kleines Mädchen noch keine Worte dafür zur Verfügung hat, um dies alles zu benennen, so nimmt sie doch die Stimmung der Mutter auf, spürt, wie es der Mutter geht, wie sie sich fühlt. Sie sieht die überspielte Enttäuschung, die in Zynismus gekelterte bissige Bitterkeit, den trüb gewordenen Blick, der die einst zupackende Intelligenz einlullt und die Energie, die in ihr steckt, betäubt und einschläfert. In dem Gedicht «Der Panther» von Rainer Maria Rilke wird der Zustand eines eingesperrten Tieres derart präzis beschrieben, als ob es sich um die Beschreibung einer Frau handelte, die in ihrer multiplen Funktion als Mutter gestrandet ist und der ihr Lebenswille völlig abhandengekommen ist:

Sein (ihr) Blick ist vom Vorübergehen der Stäbe so müd geworden,
dass er nichts mehr hält.
Ihm (ihr) ist, als ob es tausend Stäbe gäbe
Und hinter tausend Stäbe keine Welt.

Der weiche Gang geschmeidig starker Tritte,
Der sich im allerkleinsten Raume (Küche) dreht,
Ist wie ein Tanz von Kraft um eine Mitte,
In der gebannt ein großer Wille steht.

Nur manchmal schiebt der Vorhang der Pupille sich langsam auf,
dann geht ein Bild hinein,
geht durch der Glieder angespannte Stille
und hört im Herzen auf zu sein.

Die Mutter kann der Tochter nichts vormachen, und es wird ihr kaum gelingen, das Muttersein als Höhepunkt weiblicher Erfüllung zu verkaufen. So denkt die Tochter einfach: «So nie.»

Dann gibt es auch jene Mütter, die der Tochter klipp und klar empfehlen, nicht die gleichen Fehler wie sie zu machen, weder zu heiraten noch Kinder in die Welt zu setzen, sondern sich mit aller Entschlossenheit um eine berufliche Karriere zu kümmern. Diese Ehrlichkeit ist ja für die Tochter auch nicht gerade einfach zu verkraften, heißt sie doch auch, es wäre besser, sie wäre nie geboren. Zudem zielt eine derartige Empfehlung diametral gegen das angestrebte Lebensziel junger Mädchen, das laut Umfragen noch immer lautet: eine Familie zu gründen. Sie gehen selbstverständlich davon aus, je nach Bedarf auch noch berufstätig zu sein. Obwohl es inzwischen die Spatzen von den Dächern pfeifen, dass die Vereinbarkeit von Beruf und Familie für die meisten Frauen einen Balanceakt sondergleichen darstellt, wird diese Tatsache einfach ausgeblendet.

In der Fantasie gehen junge Mädchen davon aus, dass dann, wenn sie die traditionelle Mutterrolle ablehnen und nicht werden wollen wie ihre Mütter, die Gefahr bereits gebannt sei, jemals da zu landen, wo die Mütter sind. Auch wenn es Frauen gibt, denen das Kunststück gelungen ist, Familie und Beruf zu vereinen, sollten die Verhältnisse, in denen sie leben, in die Bewertung miteinbezogen werden. Sobald Hilfspersonen wie Kindermädchen, Haushaltshilfe oder Familienmitglieder zur Verfügung stehen, sieht die Sache entsprechend unproblematischer aus. Welche Facette auch immer zum Zuge kommt, die Tochter riecht unbewusst den Braten gegen den Wind.

Zwar kann es ja durchaus sein, dass die Mutter innerhalb der Familie für ihren unermüdlichen Arbeitseinsatz wertgeschätzt wird, vielleicht trägt der Ehemann sie gar auf Händen, sie verfügt über ein eigenes Konto, auf das der Gatte ihr für ihren Einsatz regelmäßig einen Lohn überweist, oder er sagt, kauf dir doch was, das steht dir zu, mein Geld ist auch dein Geld. Er spricht von *unserem* Haus, von *unserem* Auto, von *unserem* Geschäft. Dann hat sie Glück gehabt. Aber nur so lange, wie sie sich nicht aus dem geschützten Familiengehege begibt. Sollte sie es aber wagen, sich aus dem Familienverbund per Scheidung abzusetzen, werden die Begriffe neu gemischt. Plötzlich ist von *unserem* Haus und *unserem* Geschäft nicht mehr viel übrig, da eh alles auf seinen Namen läuft.

Vielleicht aber geht es der Mutter gut, sie erhält ein angemessenes Taschengeld für Friseur und gelegentlich ein nettes T-Shirt aus dem Kaufhaus. Über eigenes Geld zu verfügen ist eh überflüssig, sie wird ja vom Ehemann finanziert, hat ein Dach über dem Kopf, ein Bett, im Winter ist es warm, sie hat zu essen. Was will sie noch mehr! Sie gehört irgendwie zum Inventar, so wie eine Hauskatze. Oder eine Leibeigene. Die Vorstellung, Kinder blieben von derartigen Vorgängen völlig unberührt, täuscht. Töchter und selbstverständlich auch Söhne werden zu Zeugen, wie die Mutter gedemütigt und erniedrigt wird.

Wundert es da, wenn Töchter intuitiv denken, so wie sie will ich nicht werden? Diese demütigende und kränkende Rolle kommt für mich nicht infrage! Das Thema Demütigung, Erniedrigung und Entwertung schlägt sich bei den Töchtern wie ein fest verankertes Programm nieder. Denn schließlich sind die meisten Frauen Töchter von gekränkten Müttern, tragen in sich quasi eine Grundkränkung, ohne genau zu wissen, was das alles mit ihr zu tun haben soll. Dieser Zustand ist äußerst unangenehm und beunruhigend. Um damit einigermaßen über die Runden zu kommen, bedienen sie sich eines beliebten Abwehrmechanismusses, der immer dann zum Zug kommen kann, wenn die Realität zu schrecklich ist, als dass man sie wahrnehmen könnte. Die Fakten werden einfach verleugnet und als Hirngespinst hingestellt. Nur so ist es zu verstehen, dass es Frauen gibt, die selbst aus ihrem eigenen Elend heraus noch das Hohelied von der besonders tollen Aufgabe als Familienfrau zwitschern. Die Tatsache, dass jede zweite Ehe geschieden wird und damit viele Familienfrauen von einem Tag auf den anderen gezwungen sind, den Lebensunterhalt für sich und wahrscheinlich auch für die Kinder in der Berufswelt zu verdienen, wird ausgeblendet.

Wenn Frauen diese Überlegungen entschieden zurückweisen und z. B. argumentieren, «meine Mutter war nicht eine missachtete Frau, sondern eine glückliche Familienfrau, hoch angesehen, sowohl in der Familie als auch in der Gesellschaft», sollten sie sich zumindest die Mühe machen, das Leben der Mutter bis ins Rentenalter zu verfolgen. Da bleiben wenige Töchter übrig, die von ihrer Mutter sagen können: Ihr arbeitsreiches Leben wird durch eine gute und wohlverdiente Rente gekrönt. Sie kann endlich reisen, kann die Länder besuchen, die sie schon immer mal kennenlernte wollte. Kann sich endlich ihren Interessengebieten widmen. Sie hat ausgesorgt. Ein wohlverdienter sorgenfreier Ruhestand ist ihr gewiss. Dies trifft auf die wenigsten Frauen zu, es sei denn, sie sind vermögend. Sonst aber sieht die Sache anders aus. Als Familienfrau erhalten sie keinen Lohn und somit auch keine Rente, die ihrem Arbeitseinsatz entspräche. Bis 1980 existierten Ehefrauen in der Schweiz rententechnisch ohnehin nicht. Das heißt, sie bekamen am Ende ihrer Dienstzeit nichts. Sie waren als Einzelwesen gar nicht erfasst worden. Verstarb der Ehemann vor seiner Frau, musste sie schauen, wo sie unterkommen konnte. Notfalls über die Fürsorge. Heute erhält eine Frau, die sich vierzig Jahre in den Dienst der Familie gestellt hatte, eine Minimalrente von Fr. 1700.–. Der Grundbetrag für Nahrung einschließlich Körper- und Gesundheitspflege wird in der Schweiz mit Fr. 1100.– angesetzt. Der Rest deckt die weiteren Kosten für Miete und Heizkosten, Krankenkasse und Versicherungsbeiträge usw. bei weitem nicht ab. Für jede Tochter ist diese Tatsache eine große Beleidigung. Nicht etwa, weil sie nun zur Kasse gebeten wird, sondern weil sie weiß, was die Mutter geleistet hat. Sie weiß, meine Mutter hat einen Höchsteinsatz geleistet, wird aber mit der geringsten nur denkbaren Entschädigung abgefunden.

Im Nachhinein wurde mir allmählich klar, weshalb mich jedenfalls Magenkrämpfe befielen, wenn ich meine Mutter im Altersheim (monatliche Kosten Fr. 6000.–) besuchte. Nicht weil sie mir auf die Nerven ging, sondern weil ich die Wut, die in mir kochte, beinahe nicht ertrug und nicht zu deuten vermochte. Denn nach ihrem unermüdlichen Arbeitseinsatz, den sie in ihrem Leben als Alleinverdienerin für die ganze Familie in einer Fabrik geleistet hat, plus einem Haushalt wie aus dem Ei gepellt, hätte sie den Aufenthalt in ihrem schönen Zimmer in der Altersresidenz in vollen Zügen genießen dürfen, statt immer von einem schlechten Gewissen gepeinigt zu sein, im Wissen darum, dass sie es nicht selbst finanzieren konnte. Demütigung bis zur letzten Stunde. Frauen im Altersheim machen oft einen gedrückten Eindruck, als ob sie sagen wollten, Entschuldigung, dass ich noch da bin und andere für mich aufkommen müssen. Für jede Tochter eine Katastrophe. Mehr noch, ist die Tochter selbst eine gut verdienende Frau geworden, was noch immer eher selten vorkommt, ist es für sie wohl selbstverständlich, für die Mutter aufzukommen, ja sie wird versuchen, der Mutter gegenüber die für sie peinliche und erniedrigende Angelegenheit herunterzuspielen, indem sie einfach nicht darüber spricht. Trifft dies nicht zu, gibt es staatliche Unterstützung. Dennoch bleibt für die Tochter ein äußerst bitterer Nachgeschmack, ihre eigene Mutter als Bittstellerin erleben zu müssen.

Diese Skizzierung, in welchen Lebenszusammenhängen Frauen versuchen, ihren vielfältigen Aufgaben gerecht zu werden, hilft uns vielleicht, sowohl die eigene Situation als auch die unserer Mütter zu analysieren und zu verstehen. Und dann sollten wir uns engagiert und beherzt mit vereinten Kräften für dringend erforderliche politische Veränderungen einsetzen, um die Situation der Mütter zu verbessern.

## 8.
*Drehbuch Muttermythos*

Wenn Frauen, bevor sie Mütter werden, ihr zukünftiges Drehbuch lesen könnten, würden die meisten wohl eher dankend ablehnen. So groß der Wunsch nach einem Kind auch sein mag, die Aufgaben, die damit verbunden sind, stellen in der Regel ein Programm dar, das jede Frau überfordert und kaum erfüllt werden kann.

Es scheint so etwas wie ein Grundbedürfnis zu sein, dass der Mensch sich vervollkommnen möchte und sich je nach gesellschaftlichen Idealen und Vorbildern seiner Zeit entwickeln will, selbst wenn diese sich schädigend auf ihn auswirken sollten. So verhält es sich auch mit dem Muttermythos. Eine der bekanntesten Dokumentationen, wie eine Mutter zu sein hat, findet sich in dem Gedicht aus Schillers Glocke (1799) sehr eindrücklich und hat sich über Jahrzehnte in den Schulbüchern und bis in die heutige Zeit in den Köpfen eingenistet:

«(…) Und drinnen waltet
Die züchtige Hausfrau,
Die Mutter der Kinder,
Und herrschet weise
Im häuslichen Kreise
Und lehret die Mädchen
Und wehret den Knaben
Und reget ohn Ende

Die fleißigen Hände
Und mehrt den Gewinn
Mit ordnendem Sinn.
Und füllet mit Schätzen die duftenden Laden
Und dreht um die schnurrende Spindel den Faden
Und sammelt im reinlich geglätteten Schrein
Die schimmernde Wolle, den schneeigten Lein
Und füget zum Guten den Glanz und den Schimmer
und ruhet nimmer. (...)»

Obwohl die Zeiten sich geändert haben, sitzt die darin enthaltene Zuschreibung, wie eine Mutter zu sein hat – selbst in durchaus emanzipierten Gesellschaften –, noch immer in der Vorstellung vieler. Junge Frauen haben wohl für derartige Ausführungen lediglich ein müdes Lächeln übrig, allerdings nur so lange, bis sie selbst in der Mutterrolle gelandet sind, dann aber ist die Falle bereits zugeschnappt. Der Muttermythos sitzt tief. Wie wäre es sonst möglich, Diskussionen darüber zu führen, ob es für Mütter egoistisch und verantwortungslos sei, einem Beruf nachzugehen und das Kind einer Fremdbetreuung zu überlassen? Im Klartext heißt das, alle Mütter verfügen über eine hohe Begabung, mit Kindern umzugehen, und deshalb obliegt es ihnen, sich als Mütter ausschließlich um das Wohl des Kindes zu kümmern, auch wenn ihnen dieses Betätigungsfeld in keiner Weise entspricht, sie sich dabei nicht gut fühlen und den Aufgaben entsprechend ihrer Stimmungslage eher schlecht als recht versuchen nachzukommen. Gefühle, Stimmungen, die eigene Befindlichkeit sind aber nicht per Knopfdruck zu erzeugen und mit einem Willensakt zu steuern. Da aber die Kernbotschaft lautet: Alle Mütter lieben ihre Kinder, Mutterliebe ist selbstlos, rein und ungetrübt, wird es immer viele Mütter geben, die dieses Ziel niemals erreichen können. Die Latte liegt damit hoch, viel zu hoch für die meisten. Dem jedoch nicht zu entsprechen hieße, nicht dazuzugehören, keine richtige Mutter zu sein, was gleichbedeutend damit ist, keine richtige Frau zu sein. Sich dem eigenen Geschlecht zugehörig zu fühlen ist aber für die eigene Identität sehr bedeutend. Und da Frauen ohnehin eine große Fähigkeit darin haben, sich sowohl unzumutbaren Verhältnissen anzupassen als auch absurden Forderungen zu entsprechen, bemühen sie sich, diese immense Anpassungsleistung zu erbringen.

Das fordernde Bild der reinen ungetrübten Mutterliebe entmenschlicht die Frau, sie wird zu einer idealisierten Figur stilisiert, die sie selbst mit größter Anstrengung niemals erfüllen kann, und das Scheitern ist vorprogrammiert. Diese Überhöhung hat auf den Selbstkontakt eine fatale Auswirkung. Um dem Bild einigermaßen gerecht zu werden, muss sie ständig sämtliche negativen Regungen vor sich selbst verleugnen und entfernt sich dadurch immer mehr von ihrer eigenen Wahrnehmung. Der instrumentalisierten Symbolfigur der selbstlos liebenden Mutter folgt die Selbstentfremdung auf dem Fuß. Die Vorstellung, solche Mütter seien besonders dafür geeignet, Kinder glücklich zu machen, ist ein großer Irrtum.

Sandra liebte ihr Kind über alles. Sie wollte eine gute Mutter sein. Sie besuchte vor der Geburt einen Kurs über Säuglingspflege, damit sie von Anfang an alles richtig machen würde. Das Baby schrie nicht nur am Tag, sondern auch nachts. An Schlaf war kaum noch zu denken. Sandras Mann unterstützte sie zwar und übernahm auch mal die nächtliche Betreuung. Obwohl sie zusehends von Kräften kam, bemühte sie sich, glücklich zu sein. Schließlich musste sie doch glücklich sein: Sie hatte ein gesundes Kind, einen lieben Mann, der ihr beinahe jeden Wunsch zu erfüllen gewillt war, was wollte sie mehr! Mit der Geburt des Kindes blieb die Sexualität auf der Strecke – auch später, als das Kind durchschlief, wollte die Lust nicht mehr zurückkehren. Alles andere aber, so redete sie sich ein, sei doch eigentlich wunderbar. Sie liebte doch ihren Mann, sie liebte das glückliche Kind, den Hund, den sie sich inzwischen angeschafft hatten, damit das Kind etwas zum Spielen hatte. Sie waren doch eine glückliche kleine Familie! Kein lautes Wort. Immer einander liebevoll zugetan. Später, als das Kind das erste Mal menstruierte, erklärte die Mutter, das gehöre eben auch dazu, sei aber doch halb so schlimm. Und als es sich die Haare grün färbte, erschrak sie zwar, beruhigte sich aber selbst, ja, ja, die heutige Jugend eben. Mit sechzehn kamen Drogen. Mit achtzehn Alkohol und Tabletten. Im Vollsuff wurde das Kind in eine Klinik eingewiesen und von dort gleich zur Therapie weitervermittelt. Der Vater hatte sich inzwischen längst per Scheidung von der glücklichen Mutter abgesetzt. Als ihr die Tochter in einer Therapiesitzung an den Kopf warf, sie würde ihr verlogenes Mutterglück nicht länger aushalten, war sie zutiefst schockiert, gab aber dennoch zu verstehen, dass sie ihrem Kind niemals böse sein könne. Erst auf Intervention des Therapeuten, der nicht lockerließ, nach ihren eigentlichen Gefühlen zu forschen, stieß sie auf die seit langen Jahren unterdrückte Wut. In einem mühsamen therapeutischen Prozess, der sich über mehrere Jahre hinzog, lernte Sandra ihre verborgenen negativen Regungen kennen, sie auszusprechen und zu akzeptieren.

Mütter, die sich keine negativen Regungen gegen ihre Kinder erlauben, sind Gefangene in der eigenen Glückskonstruktion. Der Muttermythos lässt keinen Spielraum für die breite Palette menschlichen Fühlens und Erlebens, ganz zu schweigen von der Entfaltung und Entwicklung eigenständiger Neigungen, Wünsche und Anliegen.

Der Lohn für diese Selbstverleugnung besteht indessen nicht darin, dass Mütter dafür besonders geschätzt und gewürdigt würden, sondern das Gegenteil ist der Fall. In den letzten Jahrhunderten bis in die Gegenwart erleben Mütter eine Geringschätzung, was ihren Einsatz rund um die Familien- und Kinderbetreuung betrifft. Obwohl auf der einen Seite Mütter durchaus hochgejubelt und idealisiert werden, z. B. am Muttertag, bleibt auf der faktischen Ebene, wenn es um die Wertschätzung im Alltag geht, nichts davon übrig.

Das war nicht immer so. Im vorpatriarchalen Zeitalter wurden Frauen gewürdigt, geachtet und auch verehrt. Das ist auch nicht verwunderlich. Schließlich garantierte der weibliche Mensch mit seiner biologischen Fähigkeit, Leben zu gebären, den Weiterbestand der Menschheit. Neues Leben war der höchste Wert und bedeutete Reichtum. Das heißt, Kapital zu generieren war Sache der Frau. Die Frau trägt also die Möglichkeit der Goldproduktion in ihrem Körper, etwa wie einen kleinen Backofen. Und weil sich alles in ihrem Körper abspielt, ist es selbstverständlich, dass das Gold, das da produziert wird, ebenfalls ihr gehört. Nachdem bekannt wurde, dass der Mann ebenfalls daran beteiligt ist, den Goldofen überhaupt in Betrieb zu setzen, änderte sich alles. Davon leitete der Mann seinen Besitzanspruch ab. Die Konstruktion ist einfach: Die Frau ist ihm untertan, ist also in seinem Besitz. Der in der Frau stationierte Goldofen gehört also auch ihm sowie die kleinen Goldtaler, die darin gebacken werden, diese erhalten seinen Stempel (Namen). Er liefert den Stammbaum, auf den alle weiteren Nachkommen zurückzuführen sind.

Ein eindrückliches Beispiel dieser sonderbaren Denkart, die Herkunftslinie zu konstruieren, findet sich im Neuen Testament, im Buch der Abstammung Jesus Christi. Im Matthäusevangelium (1) steht wörtlich:

«*Abraham zeugte Isaak, Isaak zeugte den Jakob. Jakob zeugte den Juda und seine Brüder. Juda zeugte mit der **Thamar** den Perez und den Serah. Perez zeugte den Hezron. Hezron zeugte den Aram. Aram zeugte den Amminadab. Amminadab zeugte den Nahason. Nahason zeugte den Salmon, Salmon zeugte mit der **Rahab** den Boas. Boas zeugte mit der **Ruth** den Jobed. Jobed zeugte den Isai. Isai zeugte den König David. David zeugte mit der Frau des **Uria** den Salomo. Salomo zeugte den Rehabeam. Rehabeam zeugte den Abia. Abia zeugte den Asaph. Asaph zeugte den Josaphat. Josaphat zeugte den Joram. Joram zeugte den Usia. Usia zeugte den Joatham. Joatham zeugte den Ahas. Ahas zeugte den Hiskia. Hiskia zeugte den Manasse. Manasse zeugte den Amos. Amos zeugte den Josia. Josia zeugte den Jechonja und dessen Brüder zur Zeit der Wegführung nach Babylon. Nach der Wegführung nach Babylon zeugte Jechonja den Sealthiel. Sealthiel zeugte den Serubbabel. Serubbabel zeugte den Abjihud. Abjihud zeugte Eljakim. Eljakim zeugte den Asor. Asor zeugte den Zadok. Zadok zeugte den Achim. Achim zeugte den Elihud. Elihud zeugte den Eleasar. Eleasar zeugte den Matthan. Matthan zeugte den Jakob. Jakob zeugte den Joseph, den Mann der **Maria**, aus der Jesus gezeugt wurde, der der Christus genannt wird.*»

In dieser Aufzählung werden 36 Namen von Männern aufgezählt und 4 Namen von Frauen. Auch scheint die Erwähnung von Töchtern, die ja ihrerseits auch Kinder bekommen hatten, nicht erwähnenswert. Die Herkommenslinie von Maria, die den Christus doch geboren hat, ist völlig unwichtig. Zudem wird hier Joseph plötzlich als Vater in den Stammbaum hineingemogelt, dabei ist doch per Evangelium die Konzeption mit dem Heiligen Geist erfolgt. Die Frauen sind völlig unbedeutend, obwohl sie die Kinder gebären.

Die männliche Genealogie schließt die weibliche Herkunftslinie über die Nabelschnur aus. Frauen werden in den Stammbaum als Fremde ohne eigene Geschichte eingefügt und werden ihrer eigenen Herkunftsgeschichte beraubt. Dadurch verlieren sie den Kontakt zu ihren weiblichen Vorfahren und können sich nicht auf sie beziehen, weil sie ja nicht existieren. Übrigens auch in Dokumentationen von Firmengeschichten, in denen mehrere Generationen aufgeführt werden, ist dieses Phänomen anzutreffen: Nach dem Muster aus dem Matthäus-Evangelium sind die Mütter der Nachkommen nicht einmal namentlich aufgeführt.

Vor diesem Hintergrund werden die männlichen Besitzansprüche über die Frau sichtbar. Und weil die Goldproduktion letzlich mit der Ausübung von Sexualität zusammenhängt, wird es verständlich, wenn Männer die Bewirtschaftung weiblicher Sexualität betreiben und ihnen das alleinige Nutzungsrecht zusteht. So wie der Bauer die Erde bearbeitet, damit sie fruchtbar werde, und alles ihm gehört, was daraus hervorgeht, so versteht sich im patriarchalischen Kontext der Mann als Herrscher und Eigentümer der Frau.

Die sexuelle Verwaltung der Frau ergibt also durchaus Sinn.

Obwohl wir für uns in der westlichen Welt inzwischen die sexuelle Selbstbestimmung und Selbstverwaltung erkämpft haben, hat noch lange nicht jede Frau das Selbstbestimmungsrecht erlangt. Eigenes sexuelles Begehren überhaupt wahrzunehmen ist auch heute selbst für junge Frauen oft noch ein Fremdwort.

Einerseits haben Frauen durch die Emanzipationsbewegung einen erheblichen Zugewinn an Selbstbewusstsein erworben, sie fordern, pochen auf Gleichberechtigung und erkämpfen sich neue Lebensräume. Mit der 68er-Bewegung wurde alles hinterfragt, Autoritäten wurden unter die Lupe genommen, hierarchische Strukturen aufgebrochen und symmetrische Beziehungsformen angestrebt. Die Wertvorstellungen der Elterngeneration wurde von ihren Kindern einem Lügendetektor unterzogen, um Verlogenheit und Doppelmoral zu entlarven. Die sexuelle Befreiung, die durch die Erfindung der Pille noch einen zusätzlichen Schub erhielt, verbreitete ein neues Lebensgefühl von Selbstbestimmung und Freiheit für Frauen. Es war der Auftakt für einige, sich nicht mehr erotisch stimulierend allfälligen männlichen Bewerbern anzubieten, sondern selbst handelnd und bestimmend zu werden. Mit dem neuen Selbstbewusstsein erhielten Frauen die Möglichkeit, selbst über ihre Lebensführung zu bestimmen, ihre Liebhaber selbst auszuwählen. «Mein Bauch gehört mir» wurde zum Slogan der damaligen jungen Frauengeneration, die selbst darüber entscheiden wollten, ob sie eine Schwangerschaft austragen wollten oder nicht.

Inzwischen stehen Frauen auch alle Bildungswege offen. Dass die neue Freiheit nicht nur einen, sondern gleich mehrere Haken aufweist, zeigt sich ebenso. So belegt die neueste Studie der renommierten Wharton School der University of Pennsylvania: Frauen, die beruflich Karriere machen, leben häufiger als Single und sind häufiger kinderlos als ihre beruflich weniger erfolgreichen Geschlechtsgenossinnen. Somit wird der Wunsch vieler Frauen, sich beruflich zu entfalten und gleichzeitig eine Familie zu haben, schwer realisierbar.

Frauen aber, die berufliche Karriere und Familie vereinen, sind einem endlosen, nervenzermürbenden Prozess ausgesetzt, Familienarbeit und berufliche Verpflichtungen zu organisieren. Der Anspruch, im familiären und im beruflichen Arbeitsfeld alles perfekt unter einen Hut zu bringen und in beiden Lebensbereichen Höchstleistung zu erbringen, übersteigt oft ihre zeitlichen und psychischen Möglichkeiten. Sowohl ihr Scheitern als auch die Endlosspirale von Selbstvorwürfen und Selbstentwertung sind vorprogrammiert.

Zwar wurden alte Rollenzuordnungen allmählich torpediert und sind ins Wanken geraten, sodass jeder Frau neue Rollenmodelle selbstverständlich zur Verfügung stünden. Aber die alten Weiblichkeitsideale sind noch lange nicht verabschiedet. Im Gegenteil. Auch heute gibt es viele Frauen, die keine weiteren Probleme kennen, als ihre primären und sekundären Geschlechtssignaturen zu unterhalten mit dem Ziel, möglichst einen geeigneten Bewerber für sich zu interessieren, der den Unterhalt ihrer Weiblichkeit ökonomisch garantiert. Sie folgen dem unbewussten, aber bestimmenden Motto: «Ich gefalle, also bin ich» oder der Steigerung davon: «Ich werde begehrt, also bin ich.» Alles dreht sich bei ihnen darum, in irgendeiner Weise Aufmerksamkeit zu erhalten. Nicht wenige drängt es an die Öffentlichkeit, auf die Bühne, ins TV, ins Internet: «Ich werde gesehen, also bin ich.» Eine neue Dimension der Vermarktung mit gleichzeitiger Erniedrigung von Weiblichkeit ist eröffnet. So geraten nicht wenige lautlos genau dorthin, wo sie eigentlich nie landen wollten, und geben eine liniengetreue Kopie der eigenen Mutter wieder.

Andere Frauen ziehen es vor, weiterhin im Dornröschenschlaf zu schlummern. Allerdings stets flankiert von der Hoffnung, dass irgendwann doch noch ein schöner Prinz kommt und sie wachküsst. Es muss ja nicht unbedingt ein Prinz sein, und schön muss er auch nicht sein. Aber wenigstens mit einem ordentlichen Bankkonto sollte er doch ausgerüstet sein. Die meisten derart Hoffenden werden die Erfahrung machen müssen, dass es weder Prinzen noch mit Reichtum gesegnete Männer wie Sand am Meer gibt. Nicht selten hält bereits eine andere Frau über ihm Wache und versucht, sich das eroberte

Terrain zu sichern. Was sich in diesem Sektor an Selbsterniedrigung und entwürdigenden Verrenkungen abspielt, illustriert eindrucksvoll, welche Flurschäden die tradierte Frauenrolle in den Gehirnen hinterlassen hat.

Das Heer der Familienfrauen ist nicht minder bunt. Während sich die einen tagein, tagaus mit gesunder Lebensführung beschäftigen, um für die Familie den bestmöglichen biologischen Support zu liefern, und oft einen eher verwelkten Eindruck als vor Gesundheit strotzende Lebensfreude vermitteln, versumpfen andere in der Vielfalt angebotener Erleichterungen für die Hausfrau: Schnell ein Fertiggericht in die Welle geschoben, Schnäppchenjagen als Freizeitgestaltung, Querbeet-Unterhaltung abends per Zappen in durchhängender Polsterlandschaft. Da bleibt nicht mehr viel übrig, um sich wach und interessiert den gesellschaftspolitischen Themen zuzuwenden. Die Informationsflut, die auf eine Familienfrau herunterprasselt, wie sie ihren Dienstleistungsapparat flohleicht und freudig zu gestalten hat, lässt die Freude am eigenen Denken erschlaffen. Dass solche Mütter von ihren Töchtern nur als abschreckendes Beispiel wahrgenommen werden, versteht sich von selbst.

Eine neue Generation von Frauen wächst heran, die sich ihre weibliche Identität neu erschaffen will. Junge Mädchen sind selbstbewusst, sie studieren, ergreifen einen Beruf und wollen sich mit den Altlasten der Müttergeneration nicht weiter befassen. Schließlich sei dies nichts weiter als Schnee von gestern. Interessant ist zu beobachten, mit welcher Vehemenz sie sich ausgerechnet von jenen Frauen distanzieren, die für die Rechte der Frau gekämpft und damit ihnen überhaupt erst ermöglicht haben, neue Lebensmodelle zu entwickeln. Wer die Leistungen der Wegbereiterinnen für die Emanzipation der Frau nicht würdigt und anerkennt, wird auch blind sein sowohl gegenüber den eigenen als auch den Fähigkeiten anderer und schneidet sich damit selbst von den weiblichen Wurzeln ab.

Sich nicht auf die Vorgängergeneration zu beziehen, ihre Ergebnisse außer Acht zu lassen bedeutet, jedes Mal das Rad neu erfinden zu wollen, wieder von vorne zu beginnen und das bereits Vorhandene nicht zu nutzen. Wenn z. B. in Vereinen die Position der Vorsitzenden neu besetzt wird, kann immer wieder beobachtet werden, wie die alten Strukturen über Bord geworfen werden, was einer Geringschätzung der Leistungen, die von der Vorgängerin erbracht wurden, gleichkommt. Hinter diesem Verhalten lauert ein tiefes Misstrauen, was die Fähigkeiten und Kompetenzen anderer Frauen betrifft, das letztlich auch Ausdruck der missglückten Mutter-Tochter-Beziehung ist.

Der Muttermythos taugt nicht für Menschen aus Fleisch und Blut. Er hat Generationen von Müttern schwer geschädigt. Es ist Zeit, den mythischen Ballast abzuwerfen, es ist Zeit, das untaugliche Drehbuch für Mütter zu verabschieden und umzuschreiben, damit sich Töchter an einer kompetenten, selbstbewussten und authentischen Frau orientieren können. Mit neuen Texten. In einer eigenen Sprache. Und im Vollbesitz sämtlicher individueller Talente und Begabungen.

## 9.
### Die schlecht bezahlte Hauptrolle

Die Mutter spielt auf der Familienbühne die Hauptrolle. Ohne sie findet die Aufführung nicht statt, ohne sie gibt es keinen Nachwuchs. Während aber im realen Leben Theater- und Filmschauspieler nach der Bedeutung ihrer Rolle honoriert werden, Hauptbesetzungen mit besonders hohen Gagen bezahlt werden, ist es im familienpolitischen Schauspiel umgekehrt. Die Hauptdarstellerin verdient weniger als das Bühnenpersonal, und von einer Altersrente, die ihr ein angenehmes Leben ermöglichen würde, kann sie nur träumen.

Familienfrauen, also Mütter, die sich um die Familie kümmern, erhalten in unserer Gesellschaft kaum Anerkennung für ihre Leistungen, sie werden eher belächelt, als dass sie Würdigung erfahren. Zu ihrem Status gehört auch, dass sie keinerlei wirtschaftliche Honorierung erhalten. In der Bedeutungslosigkeit, in der Familienfrauen leben, müsste dann aber auch ihr Verschwinden kaum zu bemerken sein. Das Gegenteil ist der Fall. Ihre Bedeutung wächst schlagartig, wenn mütterliche Dienste jäh ausfallen. Wird eine Mutter krank, steht die häusliche Versorgung still. Nichts funktioniert mehr. Deshalb ist es nicht verwunderlich, dass eine Familienfrau nicht krank werden darf. Sollte sie dennoch eine Krankheit ans Bett fesseln, ist sie wahrscheinlich auch für ihre Pflege selbst zuständig: «Ich schleppte mich mit 39 Grad Fieber jeweils in die Küche, um mir einen Tee zu machen, aber ich war ja so froh, dass die Kinder bei der Schwiegermutter untergekommen waren», erzählt Monika, eine dreiunddreißigjährige ehemalige Bankkauffrau und inzwischen vollberufliche Familienfrau mit zwei Mädchen, drei und fünf Jahre alt.

Franziska, vierundfünfzig, berichtet, wie sie eines Morgens nicht mehr in der Lage gewesen sei aufzustehen, «ich konnte mich nicht mehr bewegen». Der Mann ging zur Arbeit, der Sohn zur Uni. Am Abend, als die beiden Männer nach Hause kamen, habe sie immer noch im Bett gelegen. Erst als ihr Zustand am nächsten Morgen unverändert geblieben sei, wurde der Arzt gerufen. Der veranlasste dann unverzüglich den Transport ins Krankenhaus. Irgendwann kam sie wieder heim, und der Haushalt funktionierte wieder. Alle freuten sich. Die Vorstellung, dass sich niemand um die Frau gekümmert hat, fällt schwer. Solche Beschreibungen sind keine Seltenheit. Sind Familienmitglieder krank – von Hund bis Katz –, kümmert sich selbstverständlich die Mutter um sie. Kocht mit Honig gesüßten Tee, redet Kindern und dem Mann gut zu, damit sie ausreichend Flüssigkeit zu sich nehmen, sorgt für frische Luft im Krankenzimmer, versucht mit Wadenwickeln das hohe Fieber einzudämmen, umsorgt, massiert, streichelt, beruhigt, sitzt am Bett und liest etwas vor, je nachdem, was gefragt ist.

Viele Mütter aber nehmen das Missverhältnis nicht einmal zur Kenntnis, sie haben sich so daran gewöhnt, zwar als Dienstleisterin wichtig zu sein, als Person aber, die auch einmal Dienste anderer beanspruchen muss, völlig unbedeutend. Erst mit dem frühen Tod einer Mutter, besonders wenn sie noch kleine Kinder hat, wird ihr Verlust als besonders tragisch empfunden. Es wird sofort klar, dass sie kaum zu ersetzen ist. Man mag gar nicht daran denken, wie das Familienleben weitergehen soll! Die Bilder des mutterlosen Kindes sind bedrängend. Wer weckt das Kind morgens liebevoll auf? Wer streicht ihm abends behutsam über die Haare und gibt einen Gutenachtkuss? Wer redet ihm geduldig zu, wenn in der Schule Schwierigkeiten entstehen? Wer tröstet es, wenn es traurig ist? Es wird sofort klar, die mütterliche Umsorgung ist unbezahlbar. Nein, daran mag man nicht denken.

Obwohl jede Mutter zwar von ihrer immensen Bedeutung für die Familie weiß, muss sie innerlich einen Spagat vollziehen und das, was sie intuitiv spürt, mit dem, was sie erlebt, auf zwei völlig voneinander getrennten Wahrnehmungskanälen abspeichern. Eine ziemlich schizophrene Angelegenheit, die sich in ihrem Selbstbild widerspiegelt und sie gelegentlich zwischen Größenfantasien und Unwertgefühlen hin- und herpendeln lässt.

Und die Töchter lernen von der Mutter, sich ebenfalls aus unterschiedlichen Perspektiven zu betrachten und in sich äußerst komplizierte Wahrnehmungsfilter einzubauen, um mit ambivalenten Gefühlen einigermaßen klarzukommen.

So ist es auch nicht verwunderlich, wenn Töchter ihre Mütter mit gegensätzlichen Begriffen beschreiben, einerseits als unzufrieden, gereizt, hilflos, überfordert, ängstlich, desinteressiert, selbstsüchtig und egoman, launisch, depressiv und schwach, andererseits als verantwortungsbewusst, fürsorglich, tüchtig, verlässlich, arbeitsam, gerecht, geduldig, unterstützend, einfühlsam und wohlwollend. Sie beschreiben die Verhaltensweisen ihrer Mütter in oft schwer zu vereinbarenden Gegensätzen, z. B. hilflos und verlässlich, fürsorglich und ängstlich, geduldig und gereizt.

Vor diesem Hintergrund lässt sich verstehen, weshalb die Mutter für die Tochter als Vorbild nicht infrage kommen kann. Die Tochter möchte sich an einer selbstbewussten Frau orientieren, die weiß, was sie wert ist, und nicht an einer, deren Selbstwertgefühl wie eine Fahne hilflos herumflattert. Wie könnte eine Tochter sich wünschen, einst ebenso im unbezahlten Rundumdienst für die Familie eingespannt und dabei selbst im Regen stehen gelassen zu werden!

Ein Kind lernt seine Geschlechterrolle von seinem gleichgeschlechtlichen Elternteil, der Bub lernt vom Vater, wie sich ein Mann verhält, das Mädchen von der Mutter. Hier zeigt sich die Bruchstelle und eine grundsätzliche Verweigerung: So nicht. Nein danke. Die unbezahlte Hauptrolle kommt für mich nicht infrage.

Die männliche Vater-Sohn-Perspektive liefert ein völlig anderes Bild. Hier scheint die Vorbildfunktion besser zu funktionieren. Nicht wenige Söhne streben beruflich dem väterlichen Vorbild nach: Pilot werden wie der Vater; Medizin studieren wie der Vater; in die Politik einsteigen wie der Vater; Lehrer werden wie der Vater; einen handwerklichen Beruf lernen wie der Vater; Sportler werden wie der Vater. Interessant ist, dass es sich dabei nicht unbedingt um einen erfolgreichen Vater handeln muss. Auch abwesende Väter, die sich kaum um die Kinder gekümmert haben, kommen für Söhne als männliches Vorbild infrage. Selbst Scheidungsväter, die sich ganz aus dem Kontakt vom Kind abgemeldet haben, sind durchaus als Identifikationsfiguren brauchbar. Und falls der Vater eine offensichtlich hilflose Figur abgibt und dem Sohn nichts Nachahmenswertes vorlebt, stehen ihm vielfach väterliche Ersatzfiguren zur Verfügung.

Während zudem ein männlicher Jugendlicher sowohl aus dem gegenwärtigen als auch dem historischen Angebot auf ein Heer von brauchbaren Identifikationsfiguren blicken kann, die als Helden, als Staatengründer und Staatsmänner, als Erfinder, Wissenschaftler, als Maler, Dichter, Bildhauer und Musiker wie wegweisende Lichtfiguren wirken, sieht es auf der weiblichen Seite ganz anders aus. Nicht dass es sie nicht gegeben hätte, große Frauen, die Großes geleistet haben, aber wir kennen ihre Namen und ihre Leistungen nicht. Zum Beispiel als Komponistinnen sind Frauen kaum in Erscheinung getreten, dabei gibt es eine beachtliche Anzahl von hochbegabten Musikerinnen, aus deren Feder wunderschöne Kompositionen hervorgegangen sind. Die Geschichte hat sie vergessen, ganz im Sinne der vorigen Jahrhunderte, dass es sich nicht lohne, weibliche Verdienste für die Nachwelt zu memorieren, da ohnehin nicht erwähnenswert. Nur wenige Frauen haben den Weg in das öffentliche Bewusstsein gefunden – oft aber aufgrund einer zweifelhaften Ehre, die ihnen zuteilwurde. Häufig sind Frauenfiguren gekettet an die persönliche Tragödie der Protagonistin oder gar an ihren leidvollen Untergang.

Auf der männlichen Seite sieht es ganz anders aus: Der französische Präsident Nicolas Sarkozy bezieht sich auf Napoleon, Heros der Nation. Die dunkle Seite dieses Mannes sowie sein bitteres Ende werden kaum zur Kenntnis genommen, es sei denn, in einem rührseligen Film. Der amerikanische Präsident Obama zitiert bei seiner Antrittsrede den 26. Präsidenten Franklin Roosevelt; Gerhard Schröder versuchte in die für ihn etwas zu großen Schuhe von Willy Brandt zu schlüpfen, wenn auch mit mäßigem Erfolg. Auf wen aber soll sich die deutsche Bundeskanzlerin Angela Merkel berufen, welches Vorbild heranziehen? Johanna von Orléans, die letztlich auf dem Scheiterhaufen endete? Katharina die Große, deren politische Leistungen neben den Anekdoten ihrer angeblich zahlreichen Geliebten verblassen? Während die Frauengeschichten eines John F. Kennedy, Mitterrand, Brandt oder Schröder kaum Erwähnung finden und ihre politischen Leistungen in keiner Weise schmälern.

Klar, es gibt durchaus Frauen, die Geschichte geschrieben

haben, aber womit: z. B. Josephine Baker mit dem Bananenröcklein, die zwölf Waisenkinder adoptierte und völlig verarmt starb? Marilyn Monroe, eingenäht in einem hauchdünnen Stretchfähnchen, die ihr erotisches Liedchen «Happy Birthday, Mister President» ins Mikrofon hauchte und sich wenige Wochen danach mit einem Tablettencocktail ins Jenseits beförderte? Lady Di und Sissi, die schönen Opfer im goldenen Käfig? Diese Frauen scheinen in weiblichen Hirnen eingemeißelt zu sein und dienen vielen als unausgesprochene Verwirklichung eines weiblichen Lebensweges, Tragödie mit eingeschlossen.

Die gegenwärtige Müttergeneration liefert ihren Töchtern unterschiedliche Perspektiven: die Mutter als Familienfrau, die auch heute noch immer nicht dem Bild einer sich selbst bestimmenden Frau entspricht, nicht finanziell unabhängig ist und frei über ihr Leben verfügt, sondern die sich möglichst sinnvoll und hilfreich im Familienbetrieb einfügt. Oder die in Teilzeit arbeitende Mutter, die zwar über einen eigenen Arbeitsbereich und den Umständen entsprechend über eigene Finanzen verfügt, für die die Arbeit aber oft wenig mit beruflicher Verwirklichung zu tun hat. Die voll arbeitende Mutter, die entweder aus Gründen der finanziellen Notwendigkeit z. B. als Alleinerziehende berufstätig ist oder aber aufgrund ihrer speziellen Neigung und Freude im Beruf, wird in beiden Fällen nur mit einer anspruchsvollen Organisation des häuslichen Alltags bestehen können.

Wenn Töchter diese Mütter als Vorbilder ablehnen, kann man ihnen nur dazu gratulieren. Die Ablehnung zeigt ein natürliches und absolut gesundes Aufbegehren gegen den Versuch, sie in ein viel zu kleines und zu enges Kostümchen einzupassen, das ihnen jede Bewegungsfreiheit raubt. Töchter beanspruchen ihr Grundrecht auf Freiheit und Selbstbestimmung, sie spüren doch, was alles in ihnen steckt, welche Fähigkeiten und Talente in ihnen schlummern. Und wenn sie nicht bereit sind, sich ins Verlies der angeblich weiblichen Unfähigkeiten einkerkern zu lassen, ist das ein gutes Zeichen.

Aber die Sache hat einen Haken: Ihre Ablehnung schützt sie nicht davor, sich genauso wie ihre Mutter doch noch in der ungeliebten Rolle wiederzufinden. In dem Moment, in welchem in der Gebärmutter der Tochterfrau die Zellteilung beginnt, ist die Falle zu. Bauchfrei und nabelgepierct zelebrierte Schwangerschaft heißt noch lange nicht, dass sich die ungeliebte Rolle nicht wie eine zweite Haut überwächst. Das mag für kurze Zeit ganz gut gehen, vor allem in sehr jungen Jahren. Da mögen die pink gefärbten Haare vor jedem Vergleich mit der konventionell gekleideten und ordentlich frisierten Mutter schützen, da mag auch der lockere Umgang mit Liebschaften eine klare Abgrenzung zu der Mutter ziehen, die von Gram über die chronische Untreue ihres Ehegatten gezeichnet ist, da kann auch die Verflachung der Sprache, versehen mit einigen Brocken aus dem Englischen, eine deutliche Distanzierung dokumentieren. Wenn sich aber eine Schwangerschaft anmeldet, frau also selbst in absehbarer Zeit Mutter wird, zieht sich die Falle allmählich zu. Die Glückshormone, die durch die Schwangerschaft ausgelöst werden, verhindern es, die sich anbahnende Großaufgabe richtig abschätzen zu können. Das ist wahrscheinlich auch eine gute Einrichtung. Sonst würden sich wohl viele weigern, den verhängnisvollen Weg weiterzugehen, der sie mit dem Lebensmodell der eigenen Mutter immer inniger verbinden wird.

Selbstverständlich ist es auch als junge Mutter durchaus möglich, grasgrün gefärbt, in frei wechselnden Liebschaften und im gedrosselten Sprachniveau den Mutterpflichten nachzukommen und sich dabei als pures Gegenmodell des geschmähten Mutterbildes zu inszenieren. Die Gefahren kommen von hinten, aus dem Dunkeln, quasi durch die Hintertüre. Was die wenigsten jungen Frauen wissen oder wissen wollen: Muttersein ist weder ein netter Zeitvertreib – «ach, ich hätte halt so gerne ein Kind» – noch Krönung der Liebe, die uns noch enger mit dem Partner in inniger Gemeinschaft verbindet. Sie ist eine über mindestens zwei Jahrzehnte dauernde Amtsträgerschaft, mit der Belastung eines Spitzenpolitikers zu vergleichen. Während ein politisches Amt zeitlich beschränkt ist und als Entschädigung für die geleistete Aufgabe mit sehr viel Ehrerbietung und einem enormen finanziellen Zugewinn bis ans Lebensende verbunden ist, bleibt das Amt Mutterschaft, sowohl was Anerkennung und Wertschätzung als auch Honorierung betrifft, auf der Strecke, mehr noch, Mutterwerden ist in unserer heutigen Gesellschaft das größte Armutsrisiko. Und die Chance, die Erziehungsaufgabe gemeinsam mit dem geliebten Mann zu meistern, bleibt theoretisch nur den Frauen mit festem Partner vorbehalten, faktisch aber sind selbst Mütter mit Ehepartner oft wie Alleinerziehende.

Muttersein heißt: Höchstleistung zum Nulltarif. Zudem verletzbar werden, und zwar mehrfach. Einmal steht das Wohlergehen, die Sorge um die Unversehrtheit des Kindes im Vordergrund. Und um dies einigermaßen zu gewährleisten, ist die junge Mutter bereit, über Kränkungen und Demütigungen zunächst großzügig hinwegzusehen. Das Kind entschädigt vorerst die Frustration der Mutter, wenn sie, statt mit dem Mann ins Kino zu gehen, zu Hause bleiben muss, weil der Babysitter abgesagt hat. War sie z. B. gewohnt, ihren Partner auf Geschäftsreisen zu begleiten, so ist damit ebenso Schluss. Der ganze Tagesablauf, der Vergnügungssektor samt kultureller Events drapieren sich um die Bedürfnislage des Kindes.

Und weil Babys eine lückenlose Rundum-Betreuung benötigen, schrumpft die Möglichkeit, sich persönliche Wünsche zu erfüllen, auf den Nullpunkt, es sei denn, sie kann sich eine Betreuung organisieren. Später, wenn das Kind etwas älter ist, gibt es immer wieder mal kurze Zeitfenster, die für die Mutter zur freien Verfügung stehen. Jedenfalls hängt das gesamte Dispositiv, das Wohlergehen des Kindes zu sichern, an der Mutter. Nach mehr oder weniger langer Angewöhnung an das vermeintliche Glück tauchen schon mal erste Verstimmungen auf. Wenn der Partner sich gleichermaßen um die Betreuungsaufgabe kümmert, wird der Moment der Bilanzierung noch etwas hinausgeschoben. Macht er aber nicht mit, geht weiterhin seiner beruflichen Tätigkeit nach, ohne sich von häuslicher Inanspruchnahme stören zu lassen, dann wird dies auf dem inneren Konto als Minuspunkt gebucht. Irgendwann ist das Ende der Frustrationsfahnenstange erreicht und endet im Klassikerstreit: «Du kümmerst dich überhaupt nicht um die Familie! Ich bin für den ganzen Scheiß hier alleine verantwortlich!»

Um der Aufgabe der Kinderbetreuung gerecht zu werden, wird sie sich dabei allmählich abhandenkommen. Von der romantischen Liebe bleibt in vielen Fällen nicht mehr viel übrig, außer der ursprünglichen Sehnsucht, sich das Kind als Krönung der Liebe romantisch zu imaginieren. Zahlreiche partnerschaftliche Konflikte beginnen mit der Geburt des ersten Kindes, da die Sexualität dann oft auf der Strecke bleibt. Und eh die junge Mutter es gedacht hat, sitzt sie im Teufelskreis von Abhängigkeiten, oft einfach auch mit dem Gefühl verbunden, allein gelassen zu werden. Deshalb ist es völlig kontraproduktiv, wenn der Mann denkt, er könne seine Frau mit besonderen Techniken wieder in Schwung bringen. Eine Frau, die sich derart verloren hat, ist nicht mehr in der Lage, sexuelles Begehren zu generieren, sie spürt nur noch eines: Sie möchte von den vielfältigen Aufgaben entlastet werden. Und sie erlebt ebenso: Auch wenn sie sich noch so viel Mühe gibt, die Sache gut zu machen, irgendwie erreicht sie ihr Ziel nicht. Spätestens da wird die Ähnlichkeit mit der eigenen Mutter erkennbar. Und oft ist es dann genau diese Mutter, deren Lebensmodell aus tiefstem Herzen abgelehnt wurde, die versucht, der Tochter etwas unter die Arme zu greifen, und die Kinder gelegentlich hütet. Kostenlos versteht sich, dieses Bündnis besteht auch in nicht unbedingt guten Mutter-Tochter-Verhältnissen.

10.

*Demütigung Geld*

Da in der Regel Frauen über sehr viel weniger Geld verfügen als Männer, liegt es auf der Hand, wer in diesem Bereich die Macht innehat. Interessant ist aber dennoch festzustellen, dass diesem Faktum kaum Beachtung geschenkt wird. Vor allem auch von Frauen selbst. Viele begnügen sich damit und fühlen sich bereits ziemlich wohlhabend, wenn sie nicht jeden Groschen umdrehen müssen und sich ohne Weiteres ein Schmuckstück mit Zyklonsteinen kaufen können, was nichts anderes ist als ein billiges buntes Glas, zurechtgeschliffen wie ein Edelstein. Wenn es ausreichend glitzert, geben sie sich zufrieden. Erst wenn sie unfreiwillig in die Lage versetzt werden, von heute auf morgen selbst für ihren Lebensunterhalt und denjenigen der Kinder aufzukommen, folgt ein schlimmes Erwachen. Trotz gesetzlicher Regelung «Gleicher Lohn für gleiche Arbeit» liegt der Lohn für Frauen rund 20 % tiefer als derjenige für Männer. Laut UN-Statistik leisten Frauen 2/3 der Weltarbeit, kassieren dafür 10 % des Lohnanteiles, nur 1 % des gesamten Weltvermögens liegt in weiblichen Händen. Wenn Frauen sich zusammenschließen, um in der Gemeinde einen Raum für ihre regelmäßig stattfindenden Zusammenkünfte zu mieten, müssen sie vorab über mehrere Monate Handarbeiten anfertigen und diese anlässlich eines Basars verkaufen, um mit dem bescheidenen Erlös ihre Bedürfnisse zu finanzieren. Wenn einige Männer beschließen, einen Parcours für Supertrucks einzurichten, sind die Finanzen für den Kauf eines großen Landstückes sowie die nötigen Erdbewegungen problemlos vorhanden. Wer mit 99 % Prozent am Weltvermögen partizipiert, kann sich Derartiges ohne Weiteres leisten.

Demütigungen über das Geld erfahren vor allem Frauen, die finanziell vom Mann abhängig sind, wie dies in der traditionellen Frauenrolle der Fall ist. Oft wird die entwürdigende Abhängigkeit noch durch andere alltägliche Begebenheiten überdeckt, aber in dem Moment, wo es hart auf hart geht, also bei Trennung und Scheidung, kennt die Demütigung keine Grenzen. Wenn Töchter darüber berichten, wird klar, warum sie die Lebensform der Mutter unter keinen Umständen nachahmen wollen.

Viola, einunddreißig, in einer Partnerschaft lebend ohne Kinder, die sich geschworen hat, nie so werden und vor allem enden zu wollen wie ihre Mutter, erzählt: «Sie war 29, als sie heiraten musste, weil sie schwanger mit mir war. Bis dahin arbeitete sie als Chefsekretärin, verdiente sehr gut und konnte frei über ihr Geld verfügen. Mit dem Ende der beruflichen Tätigkeit änderte sich schlagartig die finanzielle Situation: Sie war abhängig geworden. Ich erinnere mich noch an Szenen, die ich als kleines Kind erlebt hatte: Meine Mutter musste immer wieder den Vater um Haushaltgeld fragen. Es gehörte zu unserem Familienprogramm, sie bettelte, er gab ihr häppchenweise Geld. Meine Mutter weinte oft und war sehr unglücklich. Erst als ich älter wurde, begann ich die Zusammenhänge zu begreifen. Mein Vater war ein wohlhabender Geschäftsmann, der seiner Frau keinerlei Einblick in seine Vermögensangelegenheiten gewährte. Bei jeder Gelegenheit sagte er ihr: ‹Wenn es dir nicht passt, kannst du ja gehen.›

Als sie nach 17 Jahren die Koffer packte, inzwischen waren wir drei Kinder, stand sie mit nichts auf der Straße. Aufgrund seiner guten Kontakte konnte er sich beste Anwälte leisten, die dafür sorgten, dass er nur für uns Kinder die geringsten Beiträge zu zahlen hatte. Für mich war das alles zutiefst verletzend, meine eigene Mutter derart erniedrigt sehen zu müssen – gleichzeitig hatte ich aber auch eine Beziehung zu meinem Vater. Jedenfalls war mir klar, niemals werde ich von einem Mann abhängig sein. Das ist auch der Grund, weshalb ich keine Kinder will.»

Rahel, zweiundvierzig, zwei erwachsene Töchter, erinnert sich: «Wir hatten in unserer Familie zunächst nicht viel Geld zur Verfügung gehabt, aber meine Mutter tat alles, was in ihrer Macht stand, um die Kosten unseres Haushaltes niedrig zu halten. Sie kochte, zwar gesund, aber entsprechend einfach, verwertete alles und jedes, nähte die Kinderkleider für mich und meinen Bruder selber, z. B. die Spielhöschen aus einem alten Kölschstoff der Schwiegermutter, das erste Wintermäntelchen aus einem alten Mantel von ihr etc., kurz, sie leistete einen großen Beitrag, ‹wie es sich gehört›, so sagte meine Mutter, ohne zu jammern. Ihr Einsatz, so sparsam wie möglich zu wirtschaften, änderte sich auch nicht, als der Vater, der ein kleines Sportgeschäft führte, mehr verdiente. Und als er immer erfolgreicher wurde und wir in ein großes Haus, das er für uns bauen ließ, umzogen, erhielt sie noch immer ein äußerst knapp bemessenes Haushaltungsgeld. Wenn wir jeweils am Sonntag einen Ausflug auf unserem Motorschiff machten, führte meine Mutter einen großen Picknickkorb mit, wo sie nach alter Manier preiswerte Brote für die Verpflegung eingepackt hatte. Irgendwann hatte mein Vater eine Geliebte und ließ sich scheiden. Da meine Mutter keinen Beruf erlernt hatte, nahm sie eine Stelle als Kassiererin an und drehte weiterhin jeden Cent zweimal um. Ich darf gar nicht daran denken, wie es mit ihrer Altersrente einmal aussehen wird.

Irgendwie ist es einfach eine Schmach, so leben zu müssen. Als ich dann auch noch erfuhr, dass mein Vater das Geld für die Gründung seines Geschäftes aus einer Erbschaft von meiner Mutter erhalten hatte, konnte ich es nicht fassen. Die Geschichte geht aber noch weiter: Wenn meine Mutter bei der Scheidung nicht per Quittung hätte nachweisen können, dass das Geld von ihr stammte, hätte sie auch da nichts erhalten.»

Für den Mann ist Geld oft noch das letzte Mittel, seiner Kränkung Ausdruck zu verleihen. Schließlich gibt es noch immer viele Männer, die allein den Tatbestand, dass die Frau einen eigenen Willen hat und sich nicht nach seinen Vorstellungen verhält, als Beleidigung ihrer Männlichkeit ansehen. Statt über seine Gefühle zu sprechen, dreht der Mann einfach der Frau den Geldhahn zu, bleibt Handelnder und weiterhin in der Illusion gefangen, über sie verfügen zu können. Wenn Töchter mitbekommen, wie es ihren Müttern ergeht, werden sie kaum danach streben, in dieselben Fußstapfen zu treten.

Auch wenn die meisten Mütter versuchen, sich diese Demütigung vor den Kindern nicht anmerken zu lassen und zu überspielen, werden die Töchter alles mitbekommen. Vielleicht gelingt es bei Säuglingen, ihnen trotz der verheerenden äußeren Situation ein gesichertes Beheimatetsein vorzutäuschen. Aber es darf nicht vergessen werden, dass Kinder seismographisch auf die Stimmung der Mutter reagieren. Was das nun im Besonderen für eine Tochter bedeutet, ihre Mutter derart abhängig und entwürdigt zu erleben, ist leicht nachvollziehbar! Für getrennt lebende oder geschiedene Frauen gehört die Demütigung über das fehlende Geld zum klassischen Szenario. Wenn Frauen nicht von Haus aus vermögend sind, der Exehemann sich nicht ethischen Grundsätzen verpflichtet fühlt und, auch nachdem die Leidenschaft für die Ehefrau erloschen ist, mit Fairness dem Menschen begegnet, mit dem er immerhin verheiratet war, werden viele Frauen die Angst um die nackte Existenz kennenlernen. Oft vergessen Männer, dass die Demütigungen, die sie der Frau via Geld zufügen, ebenso Demütigungen für die Kinder bedeuten. Eine gedemütigte Mutter ist für jedes Kind – auch für Söhne – eine tiefe Kränkung und kaum auszuhalten. So ergeben sich dann auch aus den nachfolgenden Verhältnissen, die Kinder zum geschiedenen Elternteil haben, große Schwierigkeiten. Wenn die Tochter den Kontakt zum Vater weiterhin aufrechterhalten kann, ist das ja sehr wünschenswert. In welche Zwickmühle sie aber gerät, wenn sie erlebt, wie einerseits die Mutter jeden Groschen umdrehen muss, während sie mit dem Vater in einen teuren Urlaub fährt – wenn möglich, bereits mit seiner neuen Freundin –, kann man sich ja denken, wie sie sich fühlt. Lea, 16, erzählt: «Nach der Scheidung meiner Eltern, ich war gerade sechs geworden, lebte ich alleine mit meiner Mutter und meinem vierjährigen Bruder in einer kleinen Wohnung. Meine Mutter arbeitete nachts als Krankenschwester. Wir hatten wenig Geld, meine Mutter musste jeweils bereits im Frühjahr Geld auf die Seite legen, um für uns Winterschuhe und Kleider zu kaufen. Sie sprach nie darüber, und eigentlich waren wir ganz zufrieden, und wir hatten nicht den Eindruck, dass uns etwas fehlte. In den Sommerferien durften wir dann jeweils mit dem Vater und seiner Freundin drei Wochen nach Malta in ein superschönes Luxushotel. Der Vater war sehr großzügig, kaufte uns alles, was wir uns wünschten, und auch seine Freundin verbrachte mit seiner Kreditkarte viel Zeit in den Nobelboutiquen. Es muss alles ein Vermögen gekostet haben. Zu Hause ließ ich dann die teuren T-Shirts verschwinden, ich schämte mich, wenn ich meine Mutter dann sah, wie sie sich für ihren Nachtdienst umzog, um mit dem Fahrrad in die Klinik zu fahren. Ich vermied es auch, meiner Mutter detailliert über den Aufenthalt zu berichten, um sie nicht zu kränken. Ich empfand stets Mitleid für meine Mutter.»

Mariella sollte auf der luxuriösen Hochzeit ihres Vaters singen. Sie wollte ihm zwar diesen Gefallen tun, schließlich bezahlte er ihr den Gesangsunterricht, zudem kannte sie auch die neue Frau, die lange als Kindermädchen bei ihnen tätig war. Nach der Scheidung ihrer Eltern lebte sie noch bei ihrer Mutter in einer Wohnung und pendelte zwischen Elternhaus und dem neuen Domizil hin und her. Der soziale Abstieg ihrer Mutter machte ihr schwer zu schaffen, da sie keinen Beruf erlernt hatte, fand sie auch keine Stelle. Nun macht sie gelegentlich Stadtführungen mit Touristen, um die knappen Finanzen etwas aufzubessern. Für Mariella steht fest: So wie sie nie! Selbst wenn die Mutter nicht darüber spricht und den Vater nicht beschuldigt, spürt doch die Tochter, welche Tragödie sich im Hintergrund abspielt. Was soll sie machen? Dass sich aus derartigen Konstellationen äußerst schwierige Verhältnisse der geschiedenen Eltern ergeben, ist leicht vorstellbar. Wenn Mütter z.B. den Kindern den Kontakt zum Vater verunmöglichen, geht das in der Regel auf das Konto ihrer erlebten Demütigung. Dies ist das einzige Gegenmittel, das sie einsetzen können. Dies soll nicht als Entschuldigung verstanden werden, sondern als Erklärung, wie es zu derartigen höchst bedauernswerten Umständen kommen kann.

Auf jeden Fall erleben solche Töchter ihre Mütter nicht als souveräne Frauen, die ihr Leben in der Hand halten und alles selbstbestimmt managen, sondern im ständigen Kampf mit den Finanzen, um nicht abzusaufen. Sie sind kaum stolz auf ihre Mütter und werden mit sich einen heimlichen Pakt abschließen: Das kommt für mich nicht infrage.

Aber es gibt auch jene Mütter, auf die Töchter durchaus stolz sein können und die ihnen wenigstens punktuell auch als

Vorbild dienen könnten. Das sind jene Mütter, die unter nicht einfachen Bedingungen sich vollumfänglich für die Familie einsetzen und sie zusammenhalten, die in Teil- oder Vollzeit erwerbstätig sind, die sich z.B. als Alleinerziehende tapfer durchkämpfen, organisieren und oft wie ein Fels in der Brandung die alltägliche Unbill meistern. Auf sie könnten die Töchter eigentlich stolz sein und sich sagen, genau so mache ich das einst. Die Frage, weshalb dies dennoch nicht der Fall ist, lässt sich leicht beantworten. Die Anerkennung, ob ideell oder materiell, bleibt aus.

Auch ich erinnere mich. Meine Mutter arbeitete als Näherin für einen Stundenlohn von Fr. 1,57; bei zehn Arbeitsstunden pro Tag verdiente sie Fr. 17,50, davon ernährte sie eine vierköpfige Familie. Eigentlich eine Meisterleistung, nur niemand nahm davon Kenntnis. Ihr Mann nicht, seine Töchter aus erster Ehe nicht, die meiner Mutter eigentlich zu tiefstem Dank hätten verpflichtet sein müssen, schließlich nahm sie ihnen die ganze Betreuung und Versorgung für ihren alten Vater ab. Obwohl das Geld stets knapp war, jammerte sie niemals, im Gegenteil, sie gab mir immer das Gefühl, «ich schaffe das». Sie vollbrachte die Leistung, sich stets schaffensfroh den Herausforderungen zu stellen. Auch ich dachte damals, eine unwürdigere Position kann ein Mensch nicht mehr einnehmen, und wollte mich innerlich weit von diesem Rollenmodell distanzieren. Erst im Nachhinein, nach gründlicher Beschäftigung mit dem Leben meiner Mutter, bin ich voller Anerkennung für die Leistung, die sie erbracht hat. Auch wenn ich es ihr nicht mehr sagen kann, bin ich innerlich mit ihr in einem lebendigen Kontakt und spüre ihre Anwesenheit.

Sich der Mutter als Mensch zu nähern bedeutet, sich auch mal die Demütigungsgeschichte, die sich über das Geld abspielte, anzuhören. Damit ihre Töchter überhaupt in Erfahrung bringen können, welche Überlebensleistung die Mutter zu erbringen hatte. Es bedeutet, den trüben Blick und die überspielte Enttäuschung begreifen zu lernen, die unterdrückte Wut, die sich in eigenartigen Verhaltensweisen Luft machte. Es genügt allerdings nicht, sich lediglich mit dem Verstand damit zu beschäftigen. Die Tochter sollte sich wenigstens die Mühe machen, die gesamte Zeit der existenziellen Verunsicherung, sowohl die Jahreszahlen als auch die einzelnen Monate, auf ein Blatt Papier aufzuschreiben, um ein Gespür für die Dauer zu erhalten. Ebenso wäre es hilfreich, sich den damals zur Verfügung stehenden Geldbetrag aufzuschreiben, ein Budget zu erstellen mit der Aufgabe, das Überleben abzusichern – wenigstens virtuell. Ich habe in Seminaren anlässlich dieser Übung einige auch sehr erfolgreiche Karrierefrauen zusammenbrechen sehen, als sie sich auf das Elend ihrer Mütter einließen und als ihnen klar wurde, dass ihre eigene Motivation, eine berufliche Karriere und die damit verbundene finanzielle Unabhängigkeit zu erreichen, als Versuch zu begreifen ist, die Demütigungen, die ihre Mütter erlebt haben, aus ihrer Erinnerung zu tilgen.

Die Flucht nach vorne anzutreten genügt aber noch nicht. Es hilft höchstens dabei, sich besonders anzustrengen, um nicht in einer ähnlichen Situation zu landen. Erst wenn wir wagen, uns auch auf die Demütigungen und Entwürdigungen einzulassen, welche die Mutter erlebt hat, und uns in sie einfühlen, erhalten wir von ihrem Erleben eine Ahnung. Aus einer derartigen Auseinandersetzung lernen wir, die Mutter zu verstehen. Und statt mit Ablehnung auf sie zu reagieren, kann daraus Anerkennung erwachsen und vielleicht sogar auch Dankbarkeit, dass ich ausgerechnet eine so tüchtige Mutter habe, die sich auch von existenzieller Bedrohung einfach nicht unterkriegen ließ. Wenn schon keine öffentliche Anerkennung erfolgt, dann wäre es an der Zeit, dass Töchter den Anfang machen, indem sie begreifen, was ihre Mütter geleistet haben. Auch das genügt noch nicht. Die Tochter erhält ein verpflichtendes Mandat, sich ernsthaft für wirtschaftliche Belange einzusetzen. Es reicht eben nicht, zufrieden zu denken: «Mir geht es gut. Mein Mann. Mein Haus. Mein Hund. Alles ist in Ordnung.» Aus einer einigermaßen abgesicherten Lebenssituation entspringt die zwingende Aufforderung, politisch mitzudenken. Deshalb ist der Satz «Politik interessiert mich nicht» derart verheerend! Jetzt, da wir die Möglichkeit haben, aktiv in der Politik mitzuwirken und dafür zu sorgen, dass Frauen nicht mehr grundsätzlich zu den Verliererinnen gehören, sollten wir uns gezielt dafür einsetzen. Das ist wahrhaftige Rehabilitation der entwerteten Mutter, wenn wir beginnen, uns dafür starkzumachen. Und weil alle Frauen Töchter sind, geht es uns alle an!

Obwohl inzwischen in politischen Ämtern mehr Frauen denn je sitzen, Deutschland hat eine Bundeskanzlerin, in der Schweiz sitzen derzeit vier Bundesrätinnen und drei Bundesräte im Bundesrat (der höchsten Regierungsinstanz). Das klingt sehr vielversprechend. Bei genauerem Hinsehen jedoch zeigt sich, dass in diesen Funktionen Frauen sitzen, die entweder auf Kinder verzichtet haben, z.B. die deutsche Bundeskanzlerin Angela Merkel, oder deren Kinder bereits erwachsen sind. Solange es Männern und Frauen nicht selbstverständlich möglich ist, Familie und Beruf zu vereinen, ohne dabei auszubrennen, sind wir nicht am Ziel angelangt. Außerdem kann das Pendel rasch wieder zurückschnellen.

Sich politisch zu engagieren kann auf vielfältige Weise geschehen. Viele Frauen schrecken allein vor dem Wort «Politik» zurück, sie verbinden damit relativ unattraktive Männer – bis auf wenige Ausnahmen –, die sich mit irgendwelcher uninteressanter, trockener Materie, mit Zahlen und Gesetzen herumzuschlagen haben. Nun, dies trifft durchaus zu, aber die Akten sind letztlich nur die theoretischen Dokumentationen, in welchen die Art und die Regelung des gesellschaftlichen Zusammenlebens bestimmt und festgehalten werden.

Es kann uns z. B. doch nicht einfach egal sein, welche Bildungspolitik in unserem Land angewandt wird. Als Töchter haben wir doch auch eine Pflicht, nicht nur zufrieden die Hände in den Schoß zu legen, weil heute alle Bildungswege auch Frauen offenstehen, sondern haben gleichermaßen dafür zu sorgen, dass erworbenes Wissen auch beruflich umgesetzt und mit Familienarbeit sinnvoll vereinbart werden kann.

Es kann doch einfach nicht sein, dass uns wirtschaftliche Themen kaltlassen! Import, Export, spannender als ein Krimi! Weshalb sind Produkte aus China sehr viel billiger? Warum gab es den Bankencrash? Was sind Leerverkäufe usw.? Wenn wir wirklich empört darüber sind, dass alleinerziehende Frauen besonders von einem Armutsrisiko betroffen sind, dann können wir doch nicht einfach achselzuckend zum Abendbrot übergehen. Sich lediglich darüber aufregen, sich nicht aktiv damit befassen, um dagegen etwas zu unternehmen, lediglich ein wenig jammern, ein wenig klagen, ist so unter der Würde eines denkenden Menschen in einem Land, in dem allen freie Meinungsäußerung zugesichert wird – übrigens auch dies eine politische Errungenschaft.

Das politische Feld ist weit und weiß Gott groß genug, sich mit jenen Bereichen zu beschäftigen, die einem ein besonderes Anliegen sind. Nur eines sollte sich jede Frau einfach selbst verbieten: den Kopf in den Sand zu stecken, die Faust im Sack zu machen und hinterher herumzulamentieren. Wir könnten uns zur Gewohnheit machen, bevor wir kritisieren und beklagen, darüber nachzudenken, welchen Beitrag wir aus eigener

Initiative bereits dafür aufgewendet haben oder in Zukunft dafür aufbringen können. Sollte die Bilanz negativ ausfallen, einfach den Mund halten und nochmals darüber nachdenken.

Klar, nicht jede Frau eignet sich dazu, sich politisch aktiv zu engagieren. Aber jedes Handeln, das dazu führt, gesellschaftliches Zusammenleben in irgendeiner Weise zu verbessern, ist letztlich eine politische Angelegenheit. Es gäbe noch heute keine Kinderkrippen, wenn die Initiative nicht von Frauengruppen ausgegangen wäre. Viele Aktivitäten, die sich heute wie selbstverständlich umweltpolitisch auswirken, sind zunächst von engagierten Menschen, sowohl von Frauen als auch Männern, ins Leben gerufen worden.

Der Vorgang ist immer derselbe: Zuerst ärgert man sich über etwas, die einen bleiben in der Fraktion der ewigen Jammerer und Nörgler hängen, andere hingegen beginnen sich untereinander auszutauschen. Sie bilden Interessengruppen. Dann fragen sie sich, in welcher Form sie etwas zur Veränderung beitragen könnten, und entwickeln ein entsprechendes Projekt. Vielleicht hat es Erfolg. Vielleicht bleibt es auf der Strecke. Aber auch das ist ein Erfolg, denn jede Beschäftigung mit einem Thema, auch wenn es nicht zum gewünschten Ziel führt, hat eine Auswirkung. Vielleicht werden andere gerade dadurch wieder inspiriert, einen nächsten Schritt zu denken, und entwickeln die Idee weiter.

Es gibt also viel zu tun. Schauen wir uns um. Schließen wir uns mit anderen zusammen. Auch dies wäre ein Akt, die entwertete Mutter rückwirkend zu rehabilitieren.

## 11.
### Die Beschämung

Das wohl empfindlichste Thema für Töchter ist die Beschäftigung mit der mütterlichen Sexualität. Der offenere Umgang mit Sexualität und mit sexuellen Aktivitäten hat zwar nicht dazu geführt, dass alle jungen Frauen bereits ein eigenes sexuelles Begehren kennen und es sogar beim Namen nennen, ihre eigenen Wünsche wahrnehmen und aussprechen, aber immerhin ist zum Beispiel eine außereheliche Schwangerschaft keine beschämende Angelegenheit mehr.

Mütter aber, die ihre Jugendzeit noch vor den 68er-Revolten verbracht haben, können ein Liedchen davon pfeifen, oder besser gesagt, einen Trauermarsch blasen. Was in diesem Bereich der Sexualität Frauen angetan wurde, ist beinahe nicht in Worte zu fassen. Wie viele Frauen wurden geschwängert und mussten hinterher mit der Scham und der Schande allein fertig werden, während der Schwängerer keinerlei Einbußen bezüglich seiner öffentlichen Wertschätzung hinzunehmen hatte.

Da Schwangerschaft die sichtbare Folge sexueller Betätigung ist, wird der Frau automatisch der Umgang mit Sexualität zur Last gelegt. Entweder wird sie der sexuellen Unersättlichkeit bezichtigt oder aber der teuflischen Verführungskunst verdächtigt, die sich wie eine Schlinge um den Hals des hilflosen Mannes zieht und ihn unfähig macht, sich davor zu schützen. So absurd diese Unterstellungen sind, so finden sich bis zum heutigen Tag noch Überreste eines solch unreflektierten

Denkens. Vor allem sitzt uns die Erfahrung unserer Ahninnen unter der Haut; auch wenn wir nichts damit zu tun haben, können wir dieses Erbe nicht einfach abschütteln.

Ich habe verschiedene unstrukturierte Interviews mit Frauen geführt, die in einer für sie unzeitgemäßen Lebensphase oder Situation schwanger geworden sind, entweder zu jung, unverheiratet oder außerehelich.

Hella, eine fünfzehnjährige Schülerin, wurde von ihrem Freund geschwängert. Sie seien beide derart ineinander verliebt gewesen, erzählt sie, dass selbst heute noch die Begeisterung in ihren Augen – wenn auch versteckt – funkelt. Sie hätte Jörg eben so sehr geliebt, dass sie seinem wilden Drängen einfach nachgegeben habe, quasi als Liebesbeweis, darin habe sie nichts Schlechtes sehen können, obwohl sie natürlich befürchtete, dass sie schwanger werden könnte. Das erste Mal ging es gut. Die weiteren Male ebenfalls. Sie sei meilenweit davon entfernt gewesen, so etwas wie eigene sexuelle Lust zu verspüren, vielmehr habe sie es einfach ihm zuliebe getan, weil sie gespürt habe, wie wichtig es für ihn gewesen sei. Dann plötzlich sei sie schwanger gewesen. Sie musste unverzüglich die Schule verlassen, den Freund durfte sie nicht mehr sehen. Das sei eigentlich das Schlimmste gewesen, denn sie liebte ihn sehr. Die Eltern, zwar entsetzt, hätten aber immerhin zu ihr gestanden, was für sie nicht leicht gewesen sei, in dieser kleinen Stadt, wo jeder jeden kennt und alle sofort ihre Geschichte erfuhren. Der Vater, als Mitglied im Kirchenvorstand, habe sich vieles anhören müssen, und sie sei oft beinahe vor Scham im Erdboden versunken. Sie konnte im elterlichen Betrieb, einer Schreinerei, etwas mithelfen, vor allem Büroarbeiten erledigen. Zunächst erleichtert, später dann kreuzunglücklich. Das Kind kam, ein Junge. Heimliche, aber getrübte Freude über den Kleinen. Sie lebte weiterhin bei den Eltern, mit zwanzig hatte sie einen fünfjährigen Sohn und keinerlei Perspektiven für ihr Leben, während ihr Exfreund die Schule abschloss, studierte, später heiratete und eine Familie gründete und ohne jegliche Schmauchspuren aus der Vergangenheit seine berufliche Karriere aufbaute.

Was hatte sie falsch gemacht? Zu sehr geliebt. Zu sehr ihm einen Gefallen tun wollen.

Ich habe in meinen Recherchen nicht einen einzigen Fall entdeckt, in dem das eigene sexuelle Verlangen der Frau ausschlaggebender Grund für die sexuelle Aktivität gewesen war. Bei vielen Frauen, vor allem bei sehr jungen, spielt die Liebe und der Wunsch, sich liebend einem Mann hinzugeben, sich liebend ihm zu öffnen, die viel größere und entscheidendere Rolle.

Selbst bei Vergewaltigungen bleibt der Täter in puncto Beschämung ungeschoren, eventuell wird er juristisch mit einer Bewährungsstrafe oder einer kleinen Gefängnisstrafe belangt. Kaum ein Mann versinkt in den Erdboden vor Scham, wenn herauskommt, dass er eine Frau oder ein Mädchen vergewaltigt hat.

In patriarchal-autoritären Gesellschaften ist es eine Selbstverständlichkeit, dass das Opfer aus der Familie ausgestoßen wird, während der Täter unbescholten seinen Weg geht. Wie muss sich eine Frau fühlen, wenn sie nach einer Vergewaltigung ein Kind zur Welt bringt? Kann sie es überhaupt lieben? Sollte sie es lieben können? Muss sie es lieben müssen? Wie mir Chefärztinnen aus Frauenkliniken hinter vorgehaltener Hand mitteilten, gehört es bereits in den administrativen Ablauf der Klinik, bei Eintritt einer unverheirateten Frau, deren Herkunft auf einen patriarchal-autoritären Hintergrund hinweist, im Einverständnis mit der Patientin ihre Personalien zu anonymisieren. Falls sie ein Kind gebiert, wird es postwendend zur Adoption freigegeben, der Familie wird lediglich mitgeteilt, dass bei einer Operation ein großes Geschwür entfernt werden musste. Und falls es sich um eine Abtreibung gehandelt hat, bleibt der wahre Grund der Behandlung eh geheim. Sowohl für die Ärztinnen und das Pflegepersonal als auch für die Patientinnen ist dieser Zustand mit äußerst großen Belastungen verbunden, aber, so eine erfahrene Gynäkologin, «wir müssen das Leben der Patientin schützen».

Wenn es auch schwerfällt, sich diese Verhältnisse vorzustellen, so können sie uns dennoch den Blick in frühere Jahrzehnte freimachen, damit wir die Zeit unserer Mütter, Großmütter und Urgroßmütter besser verstehen können. Sie haben derartige patriarchalisch ausgerichtete Verhältnisse erlebt. Im Rahmen der väterlichen Ordnung gab es die Mutter nur innerhalb einer Ehe, die Bewirtschaftung und Nutzung ihrer Sexualorgane war ausschließlich Sache des Ehemannes. Wurde eine unverheiratete Frau schwanger, kam es für sie ebenso einem tödlichen Urteil gleich, d. h., sie konnte sich entscheiden, ob sie sich selbst umbringen oder in Scham und Schande das Leben weiterführen wollte. In der Literatur sind diese Tragödien dokumentiert, eine unter vielen ist das Trauerspiel von Friedrich Hebbel, «Maria Magdalena», das 1848 in Leipzig uraufgeführt worden ist. Zur Geschichte:

Bürgerliches Haus des Tischlermeisters Anton in der ersten Hälfte des 19. Jahrhunderts. Die Mutter ist gerade von schwerer Krankheit genesen. Dem Sohn Karl ist das Elternhaus zu eng, und er will seinen Beruf als Tischlergeselle an den Nagel hängen.

Klara, die Tochter des Hauses, wird von ihrer Jugendliebe verlassen und verlobt sich aus Trotz mit dem Kassierer Leonard. Um Leonard zu beweisen, dass sie nicht mehr an der alten Liebe hängt, gibt sie seinem Drängen nach. Dies bleibt nicht ohne Folgen, Klara wird schwanger. Als Bruder Karl in den Verdacht gerät, einen Diebstahl begangen zu haben, stirbt die Mutter vor Gram. Meister Anton lässt Klara am Leichnam ihrer Mutter schwören, dass sie ihm «nie Schande machen wolle». Leonard will die Verlobung auflösen, die Schwester eines Diebes will er nicht zur Ehefrau. Nachdem sich die Unschuld des Bruders herausgestellt hat, versucht Klara in ihrer Not, Leonard umzustimmen. Meister Anton will die Schmach, die er durch Karl zu ertragen hatte, mannhaft tragen, aber seine Klara darf ihm niemals Schande machen, denn das, so schwört er seiner Tochter, würde ihn zum Rasiermesser greifen lassen, um seinem Leben ein Ende zu setzen.

Der Jugendfreund taucht wieder auf und hält trotz der Verlobung mit Leonard um die Hand von Klara an. Doch als sie ihm sagt, dass sie schwanger ist, antwortet er: «Darüber kommt kein Mann weg.» In höchster Verzweiflung, um ihren Vater vor dem Tod und sich vor letzter Schande zu retten, bittet Klara Leonard, sie zu heiraten.

«*Leonard: «Liebst du mich? Kommst du, weil dich dein Herz treibt? Bin ich der Mensch, ohne den du nicht leben und sterben kannst?»*

*Klara: «Antworte dir selbst.»*

*Leonard: «Kannst du schwören, dass du mich liebst? Dass du mich so liebst, wie ein Mädchen den Mann lieben muss, der sich auf ewig mit ihr verbinden soll?»*

*Klara: «Nein, das kann ich nicht schwören! Aber dies kann ich schwören: Ob ich dich liebe, ob ich dich nicht liebe, nie sollst du's erfahren! Ich will dir dienen, will für dich arbeiten, und zu essen sollst du mir nicht geben, ich will mich selbst ernähren, ich will bei Nachtzeit nähen und spinnen für andere Leute, ich will hungern, wenn ich nichts zu tun habe, aber: Heirate mich – ich lebe nicht lange. Und wenn's doch zu lange dauert und du die Kosten der Scheidung nicht aufwenden magst, um von mir loszukommen, so kauf Gift aus der Apotheke und stell's hin, als ob's für Ratten wäre, ich will's, ohne dass du auch nur zu winken brauchst, nehmen und im Sterben zu den Nachbarn sagen, ich hätt's für zerstoßenen Zucker gehalten.»*

Leonard heiratet sie nicht. Klara stürzt sich in den Brunnen. Die Welt ist wieder in Ordnung.

Als ich als Achtzehnjährige dieses Drama zum ersten Mal las, war ich zutiefst erschüttert. Ich lernte einige Textstellen der Klara auswendig und wusste genau, wie sie sich fühlt. Jahre später habe ich erst begreifen können, weshalb diese Geschichte mich derart ergriffen hatte. Schließlich hatte meine eigene Mutter eine vergleichbare Situation erlebt, und ich habe ihren Text auswendig gelernt. Auch sie hatte gehofft, dass der Schwängerer sie heiratet und vor Schande bewahrt. Und vielleicht hat auch sie sich darüber Gedanken gemacht, ob sie sich nicht besser umbringen sollte, um so die Ehre des Vaters zu retten. Ich trage also diese Geschichte als ererbtes Gut in meinen Zellen. Und würde ich noch weiter zurückforschen, kämen wohl noch weitere Demütigungen und Beschämungen meiner Vorfahrinnen zutage. Doch weil unsere Mütter und Großmütter es vorziehen, diese Geschichten ruhen zu lassen, erfahren wir auch nichts darüber.

Die Schamgeschichte ist aber noch nicht zu Ende. Es gibt noch einen anderen Schambereich, über den Frauen am liebsten schweigen: Abtreibung. Eine Frau, die abtreibt, beschädigt ihr Mutterimage aufs Ärgste. Man hat den Frauen eingeredet, dass sie sich mit diesem Eingriff des Mordes an einem Ungeborenen schuldig machen. Die Diffamierung ist nicht mehr ganz so wie früher, dennoch gibt es noch heute fundamentalistische Vertreter, die nicht davor zurückschrecken, Frauen, die abtreiben, als Mörderinnen zu bezeichnen. Deshalb bleiben diese Erlebnisse im Hintergrund, werden nicht an die große Glocke gehängt, man spricht höchstens mit der besten Freundin, eventuell mit dem Verursacher der Schwangerschaft darüber, mehr nicht.

Viele Frauen, die eine Abtreibung vornehmen ließen, leiden hinterher unter quälenden Schuldgefühlen. Aber es gibt auch solche, die zu ihrer Entscheidung offen stehen und sagen, sie würden auch heute genau gleich entscheiden.

Über die Beseelung des Fötus existieren aus philosophischer und theologischer Sicht unterschiedliche Theorien. Da gibt es diejenige von der Sukzessivbeseelung, wonach die Beseelung stufenweise stattfinden soll. Ein Fötus habe zuerst eine pflanzliche Seele, dann eine empfindende tierische Seele, erst nach 40 Tagen habe der männliche Fötus, der weibliche hingegen erst nach 80 Tagen eine vernunftbegabte Seele. Dies ist eine besonders bemerkenswerte Auslegung, impliziert sie bereits den geschlechtsspezifischen Vorsprung im Mutterleib, der nie mehr eingeholt werden könne.

Interessant aber ist, dass bereits in früheren Epochen immerhin davon ausgegangen wurde, dass die Beseelung nicht prompt mit der Befruchtung stattfindet. Also von Mord an einem Kind zu sprechen ist deshalb absolut unzulässig und führt dazu, Frauen zu irritieren und zu beschuldigen. Wem nützt die Verunsicherung? Vielleicht kann der Talmud, das bedeutendste Schriftwerk des Judentums, weiterhelfen. Nach talmudischem Recht gilt der Fötus nicht als eigenständiges Leben, sondern als Teil der Mutter («Der Fötus ist die Lende der Mutter und Eigentum des Ehemannes»).

Für alle Frauen, die sich mit dem Thema Schwangerschaftsabbruch auseinanderzusetzen haben, schlage ich vor, sich als

Denkmodell mit folgenden Bildern zu beschäftigen: Wenn die Zellteilung in der Gebärmutter beginnt, ist noch kein Körperhaus vorhanden, in das eine Seele einziehen könnte. Sonst wäre es ja so, dass jede Frau mit dem Augenblick der Konzeption zwei Seelen hätte, was sich auch mit einer fantasievollen Vorstellungskraft kaum imaginieren lässt. Mit dem Schwangerschaftsabbruch wird also lediglich verhindert, dass das Haus erbaut wird. Nach dem ersten Spatenstich werden keine weiteren Baumaßnahmen vorgenommen, um ein Haus zu erstellen. Diese Überlegungen sollten Frauen, die eine oder mehrere Abtreibungen hinter sich haben, so lange ausmalen und auch mit ihrer Freundin besprechen, bis sie aus der logischen Schlussfolgerung dieses Bildes das Gefühl entwickelt haben, nichts Unrechtes getan zu haben, und sie von Schuldgefühlen befreit sind.

Sie sollten dann auch mit der eigenen Mutter darüber sprechen. Ihr diese Überlegungen unterbreiten und vielleicht gemeinsam mit ihr die Zusammenhänge verstehen lernen.

Ich weiß z. B., dass meine Mutter die Schwangerschaft vor mir unterbrechen ließ. Ihr Ehemann, dreißig Jahre älter, wollte nicht noch ein Kind, schließlich hatte er bereits vier aus erster Ehe, zudem, in seinem Alter, nein, es wäre einfach undenkbar gewesen. Meine Mutter erzählte darüber, schemenhaft, von einer Reise nach Genf, sie fuhr allein mit der Eisenbahn quer durch die Schweiz, um eine Abtreibung vornehmen zu lassen. Es muss eine Katastrophe gewesen sein. Hinterhof. Sie sprach kein Wort Französisch, der Abtreibende kein Deutsch. Die Verständigung verlief über Gesten. Sich auf den Schragen legen. Beine spreizen. Endlose Zeit. Im Innern herumkratzen lassen. Alles wortlos. Anziehen. Bezahlen. Nach dem Eingriff wieder zurückrattern. Schmerzen. Mit niemandem reden, auch nicht mit denen, deren Sprache sie verstanden hätte. Es sei ein

Höllenerlebnis gewesen. Und sie hasste die französische Sprache bis ans Ende ihres Lebens. Der Mann meiner Schwester, ein Franzose, bekam die ganze Abneigung zu spüren.

Wer weiß, vielleicht wollte ich mich einige Jahre früher bei meiner Mutter einnisten, der erste Spatenstich war bereits getan, dann wurde das Haus nicht gebaut, und ich musste nochmals ein paar Runden drehen und etwas warten, bis es dann geklappt hat. Vielleicht wäre das Haus für eine andere Seele vorgesehen gewesen, und da es nicht erstellt wurde, hat sie einen anderen Landeplatz gefunden und ist in ein anderes Haus eingezogen. Der Versuch, den Frauen ein Verbrechen anhängen zu wollen, ist ein Versuch, vom tatsächlichen Verbrechen, das an Frauen geschieht, abzulenken.

Dieses Verbrechen besteht darin, der Frau die gesamte Schuldscham zuzuschieben.

«Es ist christliche Ethik, dass es besser sei, Unrecht zu leiden, als Unrecht zu tun – in diesem Fall aber lässt man den leidenden Teil, den man fassen kann, büßen für den verursachenden Teil, den man <u>nicht</u> fassen kann.»[3]

Denn – und das pfeifen doch die Spatzen vom Dach – die hormonelle Beunruhigung und der Drang nach Entlastung ist bei den meisten Männern sehr viel intensiver als bei Frauen. In der Regel geht von ihnen die treibende Kraft für Sex aus, sie geraten in Bedrängnis, wenn sie ihren Trieb nicht befriedigen können. Während Frauen viel mehr von der Sehnsucht nach seelischer Nähe und Intimität angetrieben werden als davon, sich operativ im Gebiet der Sexualität zu betätigen, steht beim größten Teil der Männer das rein körperliche Verlangen wohl eher an erster Stelle.

Diese Feststellung ist alles andere als neu. Einige Kontakte mit Menschen, die eine Geschlechtsumwandlung hinter sich haben, geben interessante Hinweise. Sie erzählen, dass sich ihr

Geschlechtsleben total verändert habe; schließlich ist es ja nicht nur ein operativer Eingriff, sondern es findet bereits im Vorfeld eine Langzeitbehandlung mit weiblichen bzw. männlichen Hormonen statt. Während durch die Einnahme männlicher Hormone sexuelles Begehren an Dominanz zunehme, verringere sich die Sehnsucht nach seelischer Nähe. Die weiblichen Hormone hingegen bewirkten das Gegenteil.

Dies veranlasste mich dazu, verschiedene Interviews mit Männern ab 60 zu führen. Von ihnen wollte ich erfahren, wie sie mit ihrer Sexualität im Rückblick in jungen Jahren umgegangen seien. Ich bat um absolute Ehrlichkeit und dachte, im vorgerückten Alter gebe es keinen Grund zur Beschönigung mehr. Und einige sprachen ganz offen darüber. Zusammengefasst: Mit zwanzig drängt das sexuelle Verlangen bei acht von zehn Männern aus allen Poren, der Wunsch nach Entladung ist im Vordergrund. Mit wem gevögelt wird, ob das nun mit Regula ist oder Cornelia, Francine oder Esther, ist nicht entscheidend. Hauptsache ist, dass diesbezüglich etwas geschieht. Bei Frauen ist das anders. Wenn sie sich in Fritz verliebt hat und sich nach ihm sehnt, dieser sich aber gerade auf einer Reise durch Amerika befindet, wird weder Franz noch August die Sehnsucht nach ihm lindern können. Dies deckt sich durchaus mit den Studien übers Fremdgehen. Wenn ein Mann fremdgeht, kann es durchaus geschehen, dass er sich hinterher nicht mehr so genau an die Frau erinnern kann und er der ganzen Angelegenheit keine allzu große Bedeutung zumisst. Er führt die partnerschaftliche Beziehung weiter und fühlt sich unter Umständen nicht einmal schlecht dabei. Das Fremdgehen der Frauen ist statistisch gesehen gefährlicher. Das Motiv fremdzugehen hat eher mit Verliebtsein zu tun und könnte schließlich auch zur Trennung vom Partner führen.

Die Scham, die Frauen bezüglich Sexualität zu tragen haben, ergibt also durchaus Sinn, sie entlastet den Mann. Solange sich Frauen durch etwas Unfassbares, Unlogisches beschämen lassen, das eigentlich nicht in ihre Verantwortung gehört, sind sie damit beschäftigt, damit fertig zu werden, und kommen nicht auf die Idee, nach dem Verursacherprinzip ihre Rechte einzufordern.

Wenn Töchter keine Ahnung davon haben, welcher Beschämung die eigene Mutter ausgesetzt war, werden sie sie auch nie verstehen können. Wer aber die eigene Mutter als Mensch kennenlernen möchte, kommt genau um diese Frage nicht herum. Vielleicht ist ihre eigene Geschichte nicht dramatisch. Aber die Geschichte der Großmutter umso mehr oder die Geschichte der Schwester, der Tante. Es ist eben nicht möglich, das, was anderen Frauen zustieß, einfach auszublenden, die Erfahrungen unserer Vorfahren wirken fort.

So ist die Geschichte der Mutter gleichzeitig auch eine Chance für uns selbst, um uns endlich von unbenennbaren, unangenehmen Gefühlen, die keinen Namen haben, zu verabschieden, weil sie endlich benannt und ausgesprochen werden können. Es geht also darum, die Erfahrung der Mütter in Worte zu fassen, erst dann können wir sie verarbeiten.

## 12.
*Dem mütterlichen Erbe auf der Spur*


Wir haben einen kurzen Blick auf die Kultur geworfen, der unsere Mütter und Großmütter ausgesetzt waren. Sie ließ nicht nur Gleichbehandlung und Respekt für Frauen vermissen, sondern verschaffte uns auch Einblick in die vielen Bereiche von Kränkungen, Demütigungen und Beschämungen.

Sich der Mutter als Mensch zu nähern ist nicht einfach. Die Scheu ist verständlich, sich mit ihrer Geschichte zu befassen und einen tieferen Einblick in ihr Leben zu erhalten. Vielleicht ahnen wir auch, dass uns das, was wir hinter ihrer Mutterrolle finden, dazu veranlassen könnte, uns ein neues Bild über sie zu machen, ihr Verhalten – vor allem jenes, das uns auf die Nerven ging – überdenken zu müssen. Vielleicht wäre es tatsächlich angenehmer, nicht hinter die Kulissen zu blicken. Es ist wie bei einem Schauspieler, dessen Rolle nicht sein eigenes Wesen widerspiegelt. Zieht er sein Kostüm aus und nimmt die Maske ab, geht man das Risiko ein, einem völlig anderen Menschen zu begegnen. Da bleibt vielleicht von der einstigen Bewunderung nicht mehr viel übrig, oder aber die negative Beurteilung muss ins Gegenteil verändert werden. So oder so, es kann irritieren, eine Person derart falsch eingeschätzt zu haben.

Mit größter Wahrscheinlichkeit liegen wir auch in der Beurteilung der Mutter daneben oder doch in wesentlichen Punkten. Sie wird von uns lediglich in ihrer Rolle als Mutter bewertet, nicht als Mensch. So beklagen sich Töchter oft lebenslang über die mangelnde mütterliche Fürsorglichkeit oder über Mängel in anderen typisch weiblichen Kompetenzbereichen wie der Haushaltsführung. Dabei wird völlig außer Acht gelassen, dass die Mutter eigentlich Meeresbiologin werden wollte, dies leider aus Gründen der Geschlechtszugehörigkeit nicht werden konnte. Sie wäre vielleicht eine ausgezeichnete Tiefseeforscherin geworden. Aber mit dem pflegenden Muttergen konnte sie nicht punkten. Vielleicht hatte sie alle Hände voll zu tun, mit der Enttäuschung, die sie erfuhr, einigermaßen so umzugehen, dass sie nicht in Depression versank.

Das Bild, das wir von ihr haben und das eventuell zu korrigieren ist, entsteht in unserem eigenen Kopf. Der ständige Austausch aber mit der besten Freundin wird dafür sorgen, dass wir uns weder im Kreis herumdrehen noch frühzeitig das Handtuch werfen, sondern die Forschungsreise zur Muttergeschichte Schritt für Schritt weiterverfolgen.

Das Erste, was es zu begreifen gilt, ist: Mütter sind Menschen. Bevor sie in die Rolle einer Mutter hineingeriet, war sie ein Mensch, dem ein weites Entwicklungs- und Betätigungsfeld zustand, das weit über das hinausreichte, was durch die Mutterrolle abgesteckt werden kann. Es geht also zunächst einmal darum, der Mutter grundsätzlich ein Leben außerhalb einengender weiblicher Lebenskonzepte zuzugestehen. Und vielleicht stoßen da einige Töchter bereits in ihre eigene Situation vor, wenn sie plötzlich gewahr werden, dass sie sich selbst längst mit dem kleinen begrenzten Aktionsfeld, das in unserer Gesellschaft für Mütter zur Verfügung steht, abgefunden haben.

Die Geschichte der eigenen Mutter zu erforschen ist ein Projekt, das sich über mehrere Monate hinzieht. Es geht um ein gezieltes Recherchieren, um das Zusammentragen von Informationen. Und das ist gut so. Denn in dieser Zeit werden wir es mit einigen Überraschungen zu tun bekommen, die schließlich auch verarbeitet und verdaut werden müssen.

Die Erforschung der mütterlichen Lebensgeschichte lässt Frauen auf ganz natürliche Weise die männliche Genealogie des Ehemannes–Vaters–Großvaters verlassen, um der weiblichen Mutterlinie zu folgen. Damit klinken sie sich aus dem patriarchalischen Kontext aus und erschaffen eine eigene weibliche, der Nabelschnur folgende Herkunftsgeschichte.

Luce Irigaray, eine französische Differenztheoretikerin, betont die Wichtigkeit, eine neue weibliche Verbindungslinie herzustellen:

«Ich halte es auch für notwendig – um nicht Komplizin am Mord an der Mutter zu werden –, eine Genealogie, eine Verwandtschaftsfolge von Frauen aufzuzeigen: Schließlich haben wir eine Mutter, eine Großmutter, eine Urgroßmutter, Tochter. Aber da wir in die Familie des Vater-Mannes verbannt werden (wenn ich so sagen darf), vergessen wir diese weibliche Linie allzu häufig; wir werden sogar dazu gebracht, sie zu verleugnen. Versuchen wir, unsere Position so zu bestimmen, dass wir unsere Identität in dieser weiblichen Genealogie wiederfinden und bewahren.»[4]

Damit sorgen wir selbst dafür, dass weibliche Geschichte nicht vergessen wird, sondern als gleichwertige Dokumentation gelebten und gestalteten Lebens erhalten bleibt und die ganze weibliche Kraft, die darin Ausdruck findet, der heutigen Frau zur Verfügung stehen kann.

Allein die familiäre Konstellation wird interessante Hinweise geben. Dafür ist es sehr hilfreich, ein Genogramm der mütterlichen Herkunftsfamilie zu erstellen, um durch die visualisierte Aufstellung einen Einblick in die formale Familienkonstruktion zu erhalten. Das Genogramm übernimmt die Funktion eines Bühnenbildes, das sich nach und nach mit den eingefügten Figuren belebt, sie zueinander in Beziehung treten lässt und das dynamische Geschehen der eigenen Geschichte widerspiegelt. Da tauchen plötzlich längst vergessene Bilder aus der Erinnerung auf, die einem eine völlig neue Sichtweise auf das eigene Erbe seiner Herkunft ermöglichen.

Ich habe dies von meiner Mutter ebenfalls erstellt und dabei festgestellt, wie wenig ich von ihr eigentlich wusste. Dies war dann auch der Anlass, mich mit ihrer jüngsten Schwester, die hochbetagt ist, zu treffen. Im Gespräch mit ihr habe ich viel erfahren, was ich nicht wusste. Ich fragte sie auch, wie sie damals selbst mit der Tatsache umgegangen sei, dass ihre Schwester als junges Mädchen schwanger geworden ist. Die bis zu diesem Zeitpunkt sehr erzählfreudige alte Dame erstarrte jäh, saß wie versteinert da und schwieg. Damit wollte ich mich nicht zufriedengeben und hakte nach. Mit verhaltener Aggression ließ sie mich wissen, darüber kein Wort verlieren zu wollen. «Es war früher streng verboten, darüber zu reden, und heute gilt das auch.» Die Vorstellung, dass meine Mutter mit dieser abweisenden Kälte der eigenen Familie klarkommen musste, lässt mich noch heute erschaudern.

Bei dieser Gelegenheit bin ich auch noch in den Weiler gefahren, wo ihr Elternhaus stand, das ich ja auch noch aus meiner Jugend kannte. Die Ferien, die ich mit meiner Schwester jeweils beim Großvater verbrachte, sind als ziemlich beklemmende Erinnerung wiederbelebt worden, die karge, unbehagliche, aber saubere Behausung, immer etwas zu kalt für meine Begriffe. Wir schliefen in einem kleinen Zimmer, auf der Kommode saß eine wunderschöne Puppe mit echtem Haar, die wir aber nicht berühren durften. In den Holzbetten versanken wir förmlich, was aber keineswegs mit einem wohligen

Gefühl verbunden war, sondern sich eher anfühlte, wie wenn wir uns im Feindesland befänden. Starr und stumm lagen wir in den schneeweißen, steiffeuchten Leintüchern und wagten kaum, uns zu bewegen.

Das Bauernhaus, noch immer groß und dräuend, mit einem schlichten Blumengärtchen gegen die Straße hin umhegt, weit und breit kein Haus, nur Obstbäume, der nahe Wald, der früher meinem Großvater gehörte, in dem wir manchmal spielen durften, in dem wir Geheimnisvolles vermuteten und der uns immer wieder zu verzaubern vermochte. Da der Großvater in seiner patriarchalen Gesinnung alle seine Töchter wie selbstverständlich vom Erbe ausschloss, gingen Haus und Hof samt Land und Wald in den Besitz des einzigen Sohnes über, der dann alles später für ein Butterbrot weiterverkaufte. Mit dieser Erinnerung landete ich bereits mitten in der zentralen Frage der Bewertung weiblicher Familienmitglieder, die in diesem Falle äußerst negativ ausfiel. Mädchen galten nichts, waren unbedeutend, vier wertlose Mädchen und ein Kronprinz. Mit dieser Kränkung startete meine Mutter ins Leben.

Wie dieses Beispiel zeigt, verknüpft sich die Recherche über das Leben der eigenen Mutter immer wieder mit den eigenen Erinnerungen. Zugleich aber eröffnet das Nachforschen auch neue Möglichkeiten, schwierige Zusammenhänge zu erkennen und schließlich zu verstehen.

Der Prozess, sich auf die Geschichte der weiblichen Vorfahren einzulassen, wird einem wahrscheinlich einiges an Ungerechtigkeit vor Augen führen. Deshalb ist die Begleitung der Freundin ganz wichtig. Luisa Muraro, eine italienische Feministin, fordert die Frauen auf, «neben der horizontalen Beziehung der Gemeinsamkeit und Schwesterlichkeit auch wieder vertikale Beziehungen von der Tochter zur Mutter und von der Mutter zur Tochter einzuführen».[5]

Durch die Intensivierung weiblicher Beziehungen in beide Richtungen, sowohl horizontal im freundschaftlichen Aufeinander-bezogen-Sein unter Gleichaltrigen als auch vertikal generationenübergreifend, mobilisiert die Vernetzung unter Frauen schlafende Reserven, die nutzbar gemacht werden. Frauen können sich in freier Entscheidung einer anderen Frau zuwenden, sich einander anvertrauen, begleiten lassen, sich gegenseitig helfend zur Seite stehen in wechselseitigem Geben und Nehmen. Somit erhält die fokussierte Ausrichtung der Tochter auf die biologische Mutter einen zusätzlichen Freiraum, da sich jede Frau sowohl einer älteren als auch einer jüngeren anvertrauen kann. Sie benötigt nicht mehr den Mann als Vermittlungsinstanz, um sich in der Welt zu bewegen oder um erfolgreich ihr Leben zu gestalten. In einer solchen mütterlich-schwesterlichen Ordnung lernen Frauen den vertrauensvollen Ort kennen, den sie sowohl in sich erschließen als auch bei anderen finden können, wo Begegnungen von gegenseitiger Wertschätzung getragen sind. Zugleich findet eine Vertiefung in das eigene Wesen statt mit einem größeren Verständnis für sich selbst, das sich im freundschaftlichen und wohlwollenden Umgang mit sich manifestiert.

Dörte Fuchs und Andrea Günter schreiben sehr treffend: «Den Ort der Mutter zu finden ermöglicht, das eigene Begehren wahrzunehmen und zum Ausdruck zu bringen, als Frau sein zu können und der Welt die Form der weiblichen Genealogie zu geben. Die Verwurzelung in der weiblichen Genealogie befreit die Frau nicht nur davon, als Objekt in der männlichen Genealogie zu zirkulieren und männlichen Festschreibungen unterworfen zu sein: die weibliche Genealogie kann der Ort werden, woher und wohin sich Frau bewegt, indem sie denkt, spricht und handelt.»[6]

Damit der Weg frei wird und Frauen ihre eigenen Denkräume erschließen, ihre eigenen denkerischen Fähigkeiten in sämtlichen Gebieten einbringen und umsetzen. Dass Frauen ihre eigene Sprache wiederfinden, sich öffentlich zu Wort melden und es aushalten, wenn nicht alle damit einverstanden sind. Und dass Frauen als Handelnde auftreten, als Personen, die in der Lage sind, mit Macht selbstbewusst und verantwortlich umzugehen.

George Sand, die französische Schriftstellerin des 19. Jahrhunderts, ist eine der eindrücklichen Figuren, die aufzeigt, wie sich beinahe ein gigantisches Ausmaß weiblicher Gestaltungs- und Lebenskraft erschließen lässt, wenn sich Frauen auf ihre eigene weibliche Familiengeschichte einlassen. Sie ist berühmt, berüchtigt und heftig umstritten. Ihr Markenzeichen: mutig, unerschrocken, eine Frau, die sich durch die Konventionen ihrer Zeit nicht beirren lässt, sondern unbeirrt ihren Weg geht. Um überall Zutritt zu erhalten und sich auch nachts allein auf der Straße zu bewegen, trägt sie Männerkleidung. Und damit ihre literarischen Produktionen an die Öffentlichkeit gelangen können, zeichnet sie mit einem Männernamen, George Sand, den sie auch im Privatleben verwendet. Sie machte ihre Affären zu einer Zeit öffentlich, als für Frauen Zuchthaus auf Ehebruch stand.

Die als Amandine-Aurore-Lucile Dupin geborene, verheiratete Baronin Dudevant verlässt ihren Mann, streitet dafür, dass sie wieder über ihren von der Großmutter ererbten Landsitz verfügen kann. Dort beschäftigt sie Personal für Haus und Landwirtschaft, legt selbst Hand an, kümmert sich auch um ihre beiden Kinder, nachts schreibt sie einen Erfolgsroman nach dem nächsten und verdient das Geld, um die ganze Menage zu finanzieren. Sie liebt verschiedene Männer, verfasst hinreißende Liebesbriefe, wie z. B. als Geliebte von Alfred de Musset:

«Komm, mein Geliebter! Wieder zum Leben erweckt wie die Erde durch die Maisonne, werde ich mein riesiges Totenhemd wegschleudern und vor Liebe beben, die Leidensfalten werden von meiner Stirn gewischt sein, und ich werde Dir jung und schön erscheinen, denn ich werde hüpfen vor Freude in Deinen starken Armen. Komm, komm, und ich werde stark sein, gesund, jung, fröhlich, hoffnungsfroh … Es gibt nur Dich, mein alter Löwe, dessen Feueratem und dessen gierige Klauen meine Lebensgeister wieder erwecken können, und Dein Schnauben auf meinem Kopfkissen ist süßer als der Gesang der Nachtigall … Komm, mein Ein und Alles. Vergessen wir die Welt, und seien wir glücklich.»

Diese Worte bezeugen, zu welch leidenschaftlicher Erotik sie fähig war. Aber das ist noch nicht alles. Sie verfügt noch über ganz andere Möglichkeiten, sich mit einem Mann liebend verbunden zu fühlen, wo nicht die erotische Leidenschaft, sondern liebende Einfühlung das tragende Element einer Beziehung ist. Als langjährige Lebensgefährtin Chopins, der bereits geschwächt und gezeichnet von Tuberkulose ist, fühlt sie sich ihm seelenverwandt, ist ihm zutiefst verbunden, und sie sorgt sich vor allem um seinen gesundheitlichen Zustand. Die Zeit mit Chopin ist zwar äußerst intensiv und voller Liebesglut, doch wohl eher als eine feine seelische Schwingung zwischen zwei Liebenden zu verstehen und weniger als eine von glühender Sexualität erfüllte. Sie nahm Rücksicht auf seine zarte Konstitution. Bei einer Körpergröße von 170 cm wog er in guten Zeiten 48 Kilo, er war oft zu schwach, um selbst Treppen zu steigen, und musste von seinem Diener getragen werden.

In ihrem Buch «Ein Winter auf Mallorca» beschreibt sie die beschwerliche Reise, die sie zusammen mit ihren beiden Kindern und dem von Krankheit gezeichneten Chopin unternimmt, der sich im südlichen Klima gesundheitliche Besserung erhofft. Im verlassenen kalten Kloster von Valdemossa komponiert er unter schwierigsten Umständen die *Préludes*, während die 34-jährige George Sand tollkühn über Felsen klettert, über Ungeziefer im Bett und die Flöhe in der Suppe flucht. Daneben kümmert sie sich darum, dass das Klavier angeschifft kommt, auf das Chopin sehnlichst wartet. Nachts schreibt sie an ihren Texten. Irgendwie ein Vollweib.

Bei einer solch unerschöpflichen Kraft und Energie muss nach dem Ursprung gefragt werden. Die Antwort dazu liefert sie gleich selbst:

«Das Vergessen ist ein stumpfsinniges Ungeheuer, welches schon zu viele Generationen verschlungen hat ... Entkommt dem Vergessen, Ihr, die Ihr andere Dinge im Sinn habt als die begrenzte Vorstellung der eigenen Gegenwart. Schreibt Eure Geschichte nieder, Ihr alle, die Ihr Euer Leben begriffen und Euer Herz ergründet habt.»[7]

Mit diesem Aufruf an ihre Geschlechtsgenossinnen macht sie sich selbst an die Erforschung ihrer eigenen Familiengeschichte. Sie hätte sich durchaus mit dem männlichen Stammbaum begnügen können, ihr Urgroßvater war Moritz von Sachsen, der Ururgroßvater kein Geringerer als «August der Starke», König von Polen, den sie aber selbst als den erstaunlichsten Wüstling seiner Zeit titulierte: «Es ist eine seltene Ehre, ein wenig von seinem Blut in den eigenen Adern zu haben, denn er hatte dem Gerücht nach mehrere hundert Bastarde.»[8]

Sie interessiert sich für die weibliche Genealogie. Mit gutem Grund, denn ihre Ururgroßmutter war Maria Aurora Gräfin von Königsmarck. Voltaire nannte sie «die berühmteste Frau zweier Jahrhunderte», sie war hochgebildet und leistete sich vor allem trotz zahlreicher Skandale als unverheiratete Frau einen unabhängigen Lebenswandel. Die kurze Affäre mit dem König von Polen, der sie schwängerte, konnte sie nicht daran hindern, weiterhin ein freies und selbstbestimmtes Leben zu führen. Gleichzeitig kümmerte sie sich darum, dass ihr königlicher Sohn Moritz eine standesgemäße Erziehung genoss. Aus der Beziehung mit seiner Mätresse, der jungen Schauspielerin Marie Rinteau, ging eine Tochter hervor, die wiederum auf den Namen Marie-Aurore getauft wurde, die Großmutter von George Sand. Ihr Vater, Maurice Dupin, heiratete ebenso eine nicht standesgemäße Frau, eine Schauspielerin. George war gerade mal vier Jahre alt, als der Vater starb. Die unliebsame Schwiegertochter wollte man so schnell wie möglich loswerden, nicht aber das Kind. Obwohl von der Großmutter väterlicherseits versucht wurde, den Kontakt von George zu ihrer Mutter zu unterbinden, ließ sie sich nicht daran hindern, sondern pendelte zwischen Großmutter und der nicht in der Familie akzeptierten Mutter hin und her. So blieb George Sand ihren Wurzeln verbunden, einerseits zur Großmutter, andererseits zur eigenen Mutter, und zeigt in eindrücklicher Weise, wie wichtig es ist, dieser mütterlichen und großmütterlichen Linie die Treue zu halten. Der Name Aurora wurde über mehrere Generationen weitergegeben, bis zur Enkelin von George Sand, die kinderlos blieb.

Auch wenn sich im weiblichen Genogramm keine vergleichbaren Berühmtheiten finden lassen, so sind zweifellos Frauen anzutreffen, die es allein schon deshalb verdienen, erwähnt und gewürdigt zu werden, da sie sich schließlich gegen die widrigen und vor allem auch frauenverachtenden Umstände und Ungerechtigkeiten ihrer Zeit durchzusetzen hatten.

*13.*
*Mütter sind Menschen*


Die Mutterlinie zu verfolgen heißt, die Mutter auch als Kind kennenzulernen. Es kann sehr hilfreich sein, sich einfach von Fotos aus Mutters Kinderzeit inspirieren zu lassen. Da entdecken wir vielleicht ein äußerst neugieriges Kind, mit hellwachen Augen, an allem interessiert, was um es herum geschieht. Und vielleicht bringt das bereits eine gewisse Ratlosigkeit, warum von dieser frischen Ausdrucksweise und der augenfälligen Unternehmungsfreude, die Welt zu entdecken und für sich zu erobern, nicht mehr viel übrig geblieben ist, da Mutters Blick inzwischen ein dünner Schleier der Enttäuschung trübt. Oder aber wir entdecken ein nachdenkliches kleines Mädchen, das nach innen zu horchen scheint, als ob es das Wunder des Lebens erforschen wollte. Und wir stehen vor einem Rätsel und können nicht verstehen, wie aus diesem denkenden Kind eine unentwegt oberflächlich daherplappernde Frau geworden ist.

Vielleicht ist es gar möglich, anhand einer chronologischen Bilderreihe den Prozess der Verwandlung nachzuvollziehen und auch den Zeitraum festzulegen, als ihre Wünsche allmählich zusammenschrumpften und die Freude und die Lust am Leben abhandenkamen. Es ist durchaus möglich, dass sich die Veränderung erst viel später vollzog. Hochzeitsbilder erzählen viel von den Wünschen und Sehnsüchten der Menschen. Schließlich ist es der Eintritt in eine neue Lebensphase, man gründet mit dem geliebten Mann eine Familie, ist hoffnungsfroh auf das Kommende ausgerichtet. Wann und wodurch hat es eventuell die ersten Enttäuschungen gegeben? Welche Erlebnisse führten dazu, dass die Hoffnung allmählich schwand? Nicht wenige Frauen erleben die Partnerschaft alles andere als erfreulich, und es schleicht sich allmählich zuerst Ernüchterung, dann Resignation ein – was schließlich das Gegenteil von dem einst Erhofften ist.

Vielleicht erzählen die Bilder ganz Unterschiedliches, einerseits lassen sie Kränkungen, Demütigungen und Verletzungen erahnen, andererseits spricht dazwischen eine unbändige Heiterkeit, ja Ausgelassenheit. Vielleicht sind diese Einblicke auch Verwirrspiele, sie offenbaren Gegensätzliches, zeigen Sowohl-als-auch-Gefühle auf und lassen sich nicht auf eine eindeutige Ausrichtung festlegen. Wer sich mit Lebensgeschichten beschäftigt, wird immer wieder erfahren, dass es oft keine klaren Zuweisungen gibt. So ist es durchaus möglich, dass sich inmitten von schwierigsten Lebensverhältnissen Oasen des Wohlgefühls bildeten.

Ich erinnere mich gut daran, wie mir meine Mutter von jenen geheimen Stunden beinahe unvorstellbarer Glückseligkeit erzählte, wenn sie sich dem Zugriff der prügelnden Stiefmutter entzog und sich auf dem Heustock versteckte, wohin die Gefürchtete aufgrund ihrer Behinderung nicht gelangte. Dort, im Heu, packte sie ein Strickzeug aus und begann zu stricken. Übrigens hat sie diese Vorliebe für Handarbeiten bis ins hohe Alter beibehalten.

Eine wichtige Frage im mütterlichen Lebenslauf ist, wie sie in ihrem familiären Umfeld gelebt hat, auch in welcher Geschwisterreihe sie stand. War sie ein fröhliches oder eher ein nachdenkliches Kind? Fühlte sie sich in ihrer Familie aufgehoben und geborgen? Wie war ihr Verhältnis zur Mutter? Dachte sie ebenfalls, so wie sie nie, oder war ihre Mutter für sie ein Vorbild? Was wissen wir darüber, welche Vorlieben die Mutter als Kind hatte und welche Spiele sie besonders liebte? Hatte sie überhaupt Zeit und Muße, um zu spielen, oder musste sie im Haushalt stets mithelfen? Welches Verhältnis hatte sie zu den Geschwistern, nahm sie eine besondere Rolle ein, die ihr speziell entsprach, oder ist sie eher eine Mitläuferin gewesen?

Um diesen Fragen nachzugehen, ist die Stelle in der Geschwisterreihe aufschlussreich. Es gibt in jeder Position sowohl Vor- als auch Nachteile, zudem ist auch in dieser Betrachtung die Geschlechtszugehörigkeit mit einzubeziehen.

Gerade ältesten Mädchen fällt oft die Rolle zu, die Mutter in ihren Aufgaben zu unterstützen. Dafür kann sie zwar in der Regel durchaus gelobt werden, am ehesten von der Mutter, gleichzeitig aber lernt sie auch, dass Anerkennung von weiblichen Dienstleistungen abhängt. Sie lernt dabei durchaus, leistungsstark zu werden, aber es könnte auch sein, dass sie später davon ausgeht, um Zuwendung zu erhalten, muss immer etwas geleistet werden – vor allem im Sektor Haushalt. War sie als Älteste für die kleineren Geschwister verantwortlich, genoss sie den Status derjenigen, die alles kann, vermochte ihr dies ein gutes Gefühl der Überlegenheit zu geben. Als Älteste weiß sie, was Verantwortung tragen heißt, sie kann gut organisieren und persönliche Anliegen zugunsten der Allgemeinheit hintanstellen. Die Gefahr dabei ist, dass sie sich selbst in den Hintergrund verbannt, sich abhandenkommt und die eigenen Bedürfnisse sträflich vernachlässigt.

War sie ein mittleres Kind? Die Vorteile dieser Position bestehen darin, dass man sich entweder nach oben oder nach unten orientieren kann, je nachdem. Das diplomatische Geschick wird früh geschult, auch in schwierigen Situationen sich noch durchzuwinden, zu taktieren, mit Personen, die unterschiedliche und auch gegensätzliche Positionen vertreten, zu verhandeln. Ebenso wird aber der Grundstein für die fatale Bereitschaft gelegt, es allen recht machen zu wollen. Auch kann es sein, dass sie als mittleres Kind zwischen den anderen Geschwistern eher unauffällig war oder gar übersehen wurde.

War sie die Jüngste? Die von allen bevormundet wurde, immer den anderen Geschwistern hinterherlaufen musste und bei Spielen meist verlor, oder hatte sie den Status der Niedlichen, der alle Herzen zuflogen, die von allen verhätschelt, verwöhnt und bevorzugt wurde? Oder war sie überzählig, das Kind, das einfach auch noch da war, aber eher zufällig und störend? Die Position der Jüngsten ist ebenso mit Vor- und Nachteilen behaftet. Ein Vorteil könnte darin bestehen, mehr Freiraum für die individuelle Entwicklung zur Verfügung zu haben, da die Eltern vielleicht etwas erziehungsmüde sind. So kann immer wieder beobachtet werden, dass sich die Jüngsten der familiären Tradition nicht besonders verpflichtet fühlen und sich in Berufsfeldern betätigen, die in der Familie noch nicht vorgekommen sind. Der Nachteil könnte aber sein, zu wenig Leitplanke und Orientierung erhalten zu haben.

Oder war die Mutter ein Einzelkind, das unter den strengen Augen der Eltern wenig Freiraum genoss und stets im Zentrum elterlicher Aufmerksamkeit stand? Wurde sie als Einzelkind besonders gefördert, eventuell in Bereichen, die nicht ihren Vorstellungen, sondern denjenigen ihrer Eltern entsprachen? Hätte sie sich Geschwister gewünscht?

Ebenso interessant ist es zu ergründen, ob sich die Mutter mit ihren Geschwistern gut verstand und sich in der Gruppe von nahezu Gleichaltrigen aufgehoben fühlte. Spielt der Kontakt zu den Geschwistern auch heute noch als Erwachsene eine wichtige Rolle? Es gibt Geschwisterbeziehungen, die typische Charakterzüge von Freundschaftsbeziehungen tragen, enger als mit der Schwester, als mit dem Bruder fühlt man sich mit niemandem. Gleichermaßen spielt aber Eifersucht eine Rolle. Wenn ein Geschwister besonders bevorzugt worden ist, wird dies bei den anderen keine guten Gefühle hervorgerufen haben, und sie werden sich eventuell auch noch im Erwachsenenalter darum bemühen, Vorzüge oder Leistungen nicht allzu sehr in den Vordergrund zu stellen, um nicht Neid zu erregen.

Aber die Frage nach der Geschwisterreihe genügt noch nicht vollständig, um sich ein umfassendes Bild von der Jugendzeit der Mutter machen zu können. Ebenso ist von großer Bedeutung, ob die Mutter mit Schwestern, mit Brüdern oder in einem geschlechtlich gemischten Geschwisterverbund aufgewachsen ist. Wie wurde die Geschlechterdifferenz innerhalb der Familie organisiert? Wie erlebte sie den Vater, als liebevoll, ihr zugetan, unterstützend, beschützend, hatte er Freude daran, dass sie ein Mädchen war, oder wünschte er sich lieber Buben? Wurde sie vom Vater einfach übersehen, weil sie nicht das richtige Geschlecht hatte? Welche Position hatten die Brüder? Hatten sie Freiheiten, die den Mädchen nicht zugestanden wurden? Welche Rollenzuordnungen wurden in der Familie vertreten? Wer wurde bevorzugt, wenn es um Bildung ging? Hier einige Beispiele:

Zwei Mädchen, das mittlere Kind ein Sohn. Die Mutter war davon überzeugt, dass der Sohn über eine besonders hohe Intelligenz verfügte. Sie hielt die Mädchen immer dazu an, nicht zu viel Lärm zu machen, denn «der Junge denkt».

Die älteste von drei Geschwistern hätte gern das Gymnasium besucht, um dann Geschichte zu studieren. Sie machte eine kaufmännische Lehre, hatte sich in ihrer Freizeit und abends gleichzeitig um jüngere Geschwister zu kümmern. Der Bub schaffte mit ihrer Hilfe den Übertritt in das Gymnasium. Später studierte er Kunstgeschichte. Er verwirklichte mit ihrer Hilfe das, was sie eigentlich für sich wollte. Sie arbeitet noch immer als kaufmännische Angestellte. Er ist inzwischen Professor für Kunstgeschichte.

Und auch meine Mutter: vier Mädchen und ein Junge. Der männliche Mensch erbt den Bauernhof mit Land und Wäldern, die Mädchen gehen leer aus und hätten sich niemals getraut aufzumucken. Als ich volljährig war und allmählich zu begreifen begann, dass meine Mutter samt ihren Schwestern einfach von ihrem Erbe ausgeschlossen wurde, wollte ich der Sache nachgehen. Als ich nach dem Tod des Großvaters die Erbgeschichte nochmals aufrollen wollte, flehte mich aber meine Mutter an, das zu lassen. Sie hatte früh gelernt, den Mund zu halten und Ungerechtigkeiten einfach zu schlucken. Zu tief hockte die Entwertung in ihrem Hirn, rechtlos zu sein. Damals beurteilte ich ihr Verhalten als feige und war sehr ärgerlich, heute, nachdem ich ihre Lebensgeschichte kennengelernt habe, kann ich sie sehr gut verstehen. Aber ich muss gestehen, das war für mich eine besonders bittere Angelegenheit, denn ich liebte vor allem den Wald und nannte ihn heimlich den Zauberwald. Die Vorliebe scheint auf meine siebenjährige Enkelin übergesprungen zu sein. Wenn sie mich besucht, besteht sie jedes Mal darauf, mit mir in eine nahe gelegene Tannenbaumschule zu gehen. «Omi», sagt sie, «gehen wir wieder in mein Zauberwäldchen?» Dort kümmert sie sich vor allem um die winzigen Tännlein, befreit sie von umliegendem Unkraut oder von dicken Schneeschichten.

Die Bildungspolitik, die noch vor ein bis zwei Generationen in den meisten Familien betrieben wurde, hat bei Töchtern tiefe Verletzungen verursacht. Was macht ein Mensch, dem es untersagt ist, seine Intelligenz zu schulen und seine Fähigkeiten und Talente zu entfalten? Der Einwand, in der

Bildungspolitik heute sei das alles ganz anders, ist zwar durchaus berechtigt. Heute sieht es so aus, dass alle Bildungswege und die damit verbundenen Berufskarrieren Frauen offenstehen. Doch mit dem ersten Kind, spätestens mit dem zweiten, ist es aus mit dem Traum. Im Bereich der Erwachsenenbildung zeigt sich, dass es vor allem Frauen sind, die ein Nachholbedürfnis anmelden. Es sind Frauen, die aufgrund ihres Geschlechts entweder unterbrochene oder abgebrochene Bildungsbiografien aufweisen. Und oft ist es für diese Frauen eine bittere Pille, feststellen zu müssen, dass sie entweder die nötigen schulischen Voraussetzungen nicht erfüllen, um nochmals einzusteigen und eine Ausbildung in Angriff zu nehmen, oder aber sie nicht in der Lage sind, die finanziellen Mittel dafür aufzubringen.

Wie erging es der Mutter in der Schule? War sie ein Kind, das schnell lernte oder eher etwas Mühe hatte? Die Beschämungsrituale im Schulunterricht hatten noch vor ein oder zwei Generationen Hochkonjunktur, es wurden wahre Foltermethoden angewandt, um Kinder bloßzustellen. Hatte sie eventuell dadurch ebenfalls bereits Beschämungen und Demütigungen erlebt? Zum Beispiel als Letzte im Turnunterricht für ein Spiel ausgewählt zu werden, als Einzige beim Kopfrechnen noch stehen zu bleiben? Oder an die Tafel zitiert zu werden, um der ganzen Schülerschaft zu demonstrieren, dass sie nichts vom Lernstoff begriffen hatte?

Im Frauenseminar erleben wir, wie nachhaltig sich derartige Demütigungen auswirken. Erwachsene Frauen, die davon überzeugt sind, hoffnungslos dumm zu sein. Wenn sie einen Inhalt vor der Klasse präsentieren sollen, versuchen sie das noch immer mit Schweiß auf der Stirne und mit zitternder Stimme zu bewältigen. Es sind Tragödien, die sich auf diesem Gebiet abspielen. Deshalb ist es besonders wichtig, in Erfahrung zu bringen, was die Mutter als Schülerin erlebt hatte. War sie in der Klasse mittendrin, beliebt und umworben oder eher Außenseiterin, und hatte sie wenig Freunde?

Konnte sie ihren speziellen Neigungen und Wünschen nachgehen, oder musste sie ihren Bildungshunger zurückstecken?

Martina hat im Zuge der Beschäftigung mit der mütterlichen Geschichte herausgefunden, dass diese leidenschaftlich gerne malte und zeichnete. Sie fand in alten Kisten Aquarelle, die bereits von einer hohen Fertigkeit zeugten. Obwohl sie später ihre Mutter nie mehr bei dieser Tätigkeit erlebte, musste in ihr diese Begabung vorhanden gewesen sein. Martinas Mutter arbeitete in der Autogarage des Vaters mit, hatte den kaufmännischen Bereich unter sich und war für das Personal zuständig. Sie sei nicht besonders beliebt gewesen, auch bei den Kunden zeichnete sie sich nicht durch ein freundliches Verhalten aus. Martina dachte schon früher, dass ihre Mutter unglücklich gewesen sein musste. Aber jetzt wusste sie, dass in ihr etwas ganz anderes schlummerte, was sie nie ausleben konnte.

Dann kommt noch eine andere bedeutende Stelle in der mütterlichen Geschichte: die Pubertät. Ohnehin ein schwieriger Übergang für viele Kinder. Mädchen erleben meist die Veränderung ihres Körpers sehr deutlich, da sprießen plötzlich ihre Brüste, für nicht wenige Mädchen alles andere als ein gutes Gefühl, das eher das Bedürfnis auslöst, sich unter weiten Shirts zu verbergen. Wie konnte sie damit umgehen? Wurde sie von ihrer Mutter oder von einer älteren Schwester ins angehende Frausein liebevoll begleitet? Oder musste sie ganz alleine damit fertig werden, irgendwie, vielleicht suchte sie als Tierfreundin bei der Katze im Arm Trost oder freundete sich mit Pferden an? Im besten Fall hatte sie in einer Gruppe von Gleichaltrigen die beste Freundin gefunden, und sie begleiteten sich gegenseitig durch die Zeit der Verwandlung. Und wie hat sie die erste Menstruation erlebt? Freudentanz mit der Mutter, mit den Freundinnen, ein Einweihungsritual, endlich, ich werde eine Frau? Oder beschämt darüber, irritiert, fühlte sie sich in der körperlichen Bewegungsfreiheit beeinträchtigt oder gar behindert? Was hatte sie für ein Verhältnis zu ihrem Körper? War sie stolz auf ihre Schönheit oder davon überzeugt, eine lange Mängelliste vorzuweisen, die sie versuchte auszubügeln?

Und dann die erste Verliebtheit? War sie glücklich bis über beide Ohren? War sie überhaupt je leidenschaftlich einem Mann zugetan? Hatte sie Schmetterlinge im Bauch, die da tausendfach lieblich herumzitterten? Oder wurde sie ins Jammertal der Abgewiesenen gestoßen? Fragen zur ersten sexuellen Erfahrung sind: Glück oder Unglück? Wurde ihre Sehnsucht nach Nähe, Zärtlichkeit, Geborgenheit erfüllt? Oder wurde sie bitter enttäuscht? Und wie ist sie mit der Enttäuschung fertig geworden?

Die Erkundung der mütterlichen Biografie führt uns weiter zur Familiengründung und damit zur eigenen Herkunftsfamilie. Mag sein, dass sich da der Blick gelegentlich trübt und die eigene Wahrnehmung die eine oder andere Tatsache etwas verschleiert. Dennoch lohnt sich die Reise dahin. Folgende Fragen können helfen, sich nicht allzu sehr durch die eigene Sicht auf Abwege führen zu lassen. War der Ehemann meiner Mutter ihr Traummann? Wenn ja, ist er dies geblieben, oder hat der Traummann irgendwann andere Züge erhalten? Wie ist sie damit fertig geworden? Hat sie resigniert? Oder eventuell sich aushäusig mit Zuwendung versorgt?

Lara, einundvierzig, ein Kind, schildert ihre Mutter Marie, obwohl erst fünfundsechzig, als eine alte, herbe und verbitterte Frau, die ständig irgendetwas zu kritisieren hat, der man grundsätzlich nichts recht machen kann. Das war denn auch der Grund, weshalb sich Lara schweren Herzens entschloss, die Mutter nicht zu sich in ihre Familie zu nehmen, sondern sie im Altersheim unterzubringen. Als sie die Geschichte ihrer Mutter recherchierte, fand sie den Schlüssel für das Verständnis. Wie Fotos dokumentieren, war sie ein ausgesprochen hübsches Mädchen. Sie wuchs als Einzelkind in einem begüterten Elternhaus auf, der Vater genoss als Arzt viel Anerkennung. Marie war sein Augapfel, aus ihr sollte mal etwas Besonderes werden. So wurde ihrer Bildung größte Wichtigkeit beigemessen. Sie studierte Biologie, doch der Plan für die Zukunft der Tochter ging eher in die Richtung auf eine gute Heirat als auf eine Karriere im Berufsleben. Mit 23 verliebte sie sich in den zehn Jahre älteren Cornelius, der als Jurist mit politischen Ambitionen perfekt in die Vorstellungswelt ihrer Eltern gepasst hätte. Cornelius liebte schnelle Autos und fuhr in seiner Freizeit Rennen, was ihm schließlich zum Verhängnis wurde. Nach einem Unfall erlag er seinen Verletzungen. Für Marie war das ein schwerer Schock, von dem sie sich nur langsam wieder erholte. Mit dem Tod des Freundes waren auch ihre Zukunftspläne zerstört. Als sie fünf Jahre später Daniel kennenlernte, fühlte sie sich von seiner Herzenswärme und seiner Fähigkeit, sich in sie einzufühlen, sehr angezogen, und sie verliebten sich ineinander. Aber die Sache hatte einen Haken: Daniel entsprach in keiner Weise dem Bild des zukünftigen Schwiegersohnes. Er war gelernter Landschaftsgärtner und hatte eben noch den Auftrag der Gemeinde erhalten, sich als Förster zu betätigen. Sie heirateten gegen den Willen ihrer Eltern. Marie liebte Daniel, aber sie liebte auch ihre Eltern und hätte sich insgeheim einen Mann gewünscht, der auch in ihrer Familie ein höheres Ansehen genoss. So pendelte Marie ständig zwischen ihrer Herzensneigung und dem Hader hin und her, etwas «Besseres» verdient zu haben. Mit diesem ungelösten Konflikt wurde sie im Laufe der Jahre eine unzufriedene, an allem herummäkelnde Frau, die für die Tochter eine große Belastung darstellte. Nachdem Lara die Geschichte ihrer Mutter allmählich erfahren hatte und sich in sie einfühlen konnte, fasste sie sich ein Herz, um mit ihr darüber zu sprechen. Die beiden führten viele Gespräche miteinander. Lara erzählt, sie hätten sich gemeinsam durch dunkle Stunden getastet und seien sich dabei sehr nahegekommen.

Selbstverständlich gibt es auch rundum glückliche Mütter, die eine erfüllte Liebesbeziehung haben. Dann aber müsste die Mutter als gutes Vorbild tauglich sein. So ist es stets eine gute Überprüfung, ob die Einschätzung über das Leben der Mutter auch tatsächlich der Realität entspricht oder ob sie beschönigt werden muss, weil wir den Tatsachen ausweichen müssen.

Das Thema Schwangerschaften ist ebenfalls zu erforschen. Und da zählt wirklich alles, von den eingebildeten bis zu den unterbrochenen Schwangerschaften und selbstverständlich auch die Totgeburten. Rund um Schwangerschaft und Geburt webt sich ein breiter Teppich von nicht geweinten Tränen, von verborgenem Schmerz, von heimlicher Angst. Viele Frauen sprechen nicht darüber, sondern versuchen schweigend, in irgendeiner Weise damit fertig zu werden. In der heutigen Zeit wird den Totgeburten große Beachtung beigemessen, man weiß inzwischen, dass das für die Mutter ein unfassbarer Schmerz ist. Aber es ist noch nicht lange her, da wurden Säuglinge, die tot auf die Welt kamen, einfach entsorgt. Die Mütter konnten sich nicht einmal von dem Kind verabschieden, es war einfach weg und verschwunden. Nach neun Monaten Schwangerschaft war es, als ob es dieses Kind nie gegeben hätte. Und wie gehen Mütter mit der Nachricht um, dass ihr Kind behindert ist, wie werden sie damit fertig? Was geschieht mit einer Mutter, wenn ihr Kind an einer Krankheit oder anlässlich eines Unfalles stirbt?

Dies alles prägt die Frau. Und oft wissen selbst die nächsten Familienangehörigen nicht einmal, wie es ihr geht, wie sie es verarbeitet.

Mit diesem Fragenkatalog wird es uns gelingen, die Mutter von ihrem individuellen Wesen her zu begreifen. Und vielleicht wird dann die Tragik oder aber die Erfüllung ihres Lebens noch deutlicher. Das Aufschreiben der Geschichte ist das eine. Es hilft, dass der Faden nicht abreißt, sondern uns wie eine Forscherin mit unserer Untersuchung fortfahren lässt. Trotzdem ist es sehr hilfreich, uns immer wieder mit jemandem auszutauschen. Denn eines ist sicher: Es wird einige Überraschungen geben, die es zu verarbeiten gilt. Da bieten sich neben der beste Freundin auch die Geschwister an, wenn sie uns besonders nah sind. Darüber zu sprechen hat den Vorteil, dass das, was uns direkt bewegt, ständig zur Sprache kommen kann und wir uns dabei selbst in unseren Gefühlsempfindungen nicht vernachlässigen oder gar vergessen.

Unsere Recherchen haben wahrscheinlich ergeben, dass sich die Mutter plötzlich in einem neuen Bild zeigt und wir große Lust haben, sie direkt damit zu konfrontieren. Es kann durchaus sein, dass sie daran interessiert ist, aber ebenso ist es denkbar, dass sie sich nicht mehr zurückerinnern will und sie nur deshalb einigermaßen über die Runden gekommen ist, weil sie über einen gut funktionierenden Verdrängungsmechanismus verfügt und sich sagt: Augen zu und durch. Deshalb kann unter keinen Umständen die Tochter eines Tages kommen und alles, was sie nun über die Lebensgeschichte der Mutter weiß, ihr aufs Brot schmieren. Am besten ist es, wenn die Mutter selbst entscheidet, inwieweit sie sich mit ihrer eigenen Geschichte beschäftigen möchte.

Für die Tochter heißt dies nun aber nicht, dass sie mit ihrem Vorhaben, der Mutter als Mensch näherzukommen, gescheitert ist. Die Form der Auseinandersetzung muss auf einer anderen Ebene geführt werden, ohne die Mutter damit zu konfrontieren.

Durch die intensive Beschäftigung mit der Lebensgeschichte der Mutter wird sich auch der Umgang mit ihr verändern können. Die Tochter reagiert aufgrund ihres Wissens anders auf sie, wird ihr gegenüber nachsichtiger, versöhnlicher, was sich sofort auf die Mutter-Tochter-Beziehung auszuwirken beginnt. Die beiden Frauen werden sich anders, umgänglicher begegnen können, auch wenn vieles unausgesprochen bleibt. Auf diese Weise begegnen sich zwei Frauen, die bereits biologisch intensiv verbunden sind, ebenso auf der seelischen Ebene.

Für den Fall aber, dass die Mutter abweisend ist oder keinen Kontakt mit der Tochter haben will, ist dies zweifellos sehr schmerzlich. Diese Tatsache kann nicht einfach weggesteckt werden, denn sie nagt unaufhörlich im Hintergrund an einem. Für solche Töchter ist die sie begleitende Freundin besonders wichtig, die einerseits in der Lage ist, das, was schmerzlich vermisst wird, durch eine besonders liebevolle Zuwendung zu ersetzen, zum anderen aber auch als Ansprechpartnerin zur Verfügung steht, um über die große Enttäuschung zu sprechen oder aber zu schreiben.

Ist die Mutter bereits tot, ist dies ebenfalls kein Hindernis, sich auf einen direkten Kontakt mit ihr einzulassen. Und das geht so, indem wir ihr einen Brief schreiben und alles mitteilen, was uns bewegt. Und dann geht es darum, zu jedem einzelnen schwierigen Lebensabschnitt die eigene Sicht zu beschreiben und dabei gleichzeitig die Betroffenheit zu schildern.

In einem Seminar haben Frauen an ihre toten Mütter geschrieben, hier einige gekürzte Beispiele.

Paula, die Jüngste von drei Geschwistern, deren Mutter bereits vor 16 Jahren an Krebs gestorben war, schrieb:

«Liebe Mutti, ich habe mich in der letzten Zeit sehr intensiv mit deinem Leben beschäftigt. Dabei wurde mir klar, wie wenig ich doch von dir wusste, was du überhaupt für ein Mensch bist, vor allem aber auch, welche Aufgaben du zu bewältigen hattest. Und ich, als deine Tochter, möchte dir nun erzählen, was sich bei mir abspielte und bewegte. Zum ersten Mal wurde mir klar, wie unglücklich du eigentlich in der Ehe mit Vati warst. Seine Verschlossenheit hat dich stets geschmerzt, du fühltest dich von ihm nicht geliebt, auch wenn er es nicht gerne sah, wenn du einmal nicht da warst. Mir fiel dabei auf, dass du dir uns Kindern gegenüber nie etwas davon anmerken ließest. Du versuchtest, mit uns heiter zu sein, doch im Nachhinein sehe ich dein Gesicht sehr deutlich vor mir, wie unter allem eine tiefe Traurigkeit lauerte. Erst jetzt wird mir klar, in welcher Not du eigentlich warst, ich weiß nicht, was mich stärker bewegt, ein liebendes Mitgefühl für dich oder eine tiefe Dankbarkeit für alles, was du für uns getan hast, oder vielleicht ist es einfach eine ganz tiefe Liebe …».

Lucy, 38, Einzelkind, war gerade 12, als sich die Mutter das Leben nahm. Sie brachte die Tochter am Abend noch zu Bett, dann verließ sie das Haus. Am nächsten Morgen fand man sie im Wald. Sie hatte sich unter eine große Eiche gelegt und Schlaftabletten genommen. Lucy wuchs bei ihrem Vater auf. Der Name der Mutter wurde seit ihrem Tod nicht mehr ausgesprochen. Für Lucy war der Tod ihrer Mutter eine unfassbare Katastrophe, und sie fühlte sich vor allem von ihr aufs Jämmerlichste im Stich gelassen. Wenn sie von ihr sprach, dann immer wütend, aufgebracht und zornig. Sie schrieb:

«Mama, als du mich verlassen hattest, dachte ich, ich könnte nicht mehr weiterleben. Du gingst einfach, und bevor du dich umgebracht hast, strichst du mir noch über die Stirn und sagtest: «Schlaf gut, mein Schatz.» Diese Worte klangen über Jahre wie ein Hohn in mir nach, und wenn mir jemand einen guten Abend oder eine gute Nacht wünschte, hätte ich am liebsten laut aufgeschrien. Alles kam mir verlogen vor. Bis ich begann, mich mit deinem Leben zu beschäftigen. Mama, ich wusste nicht, was du alles durchgemacht hast, ich habe erst von deiner Schwester erfahren, dass dich dein Vater jahrelang sexuell missbraucht hatte, ich wusste nicht, dass du alles deiner Mutter erzählt hast, sie dir aber nicht glaubte. Ich wusste nicht, unter welchen Umständen du Vater kennengelernt hast, für dich ein Notbündnis, eine Hoffnung, endlich von jemandem verstanden zu werden. Du hast ihm vertraut, er war dir Heimat, war dir alles, und du warst mit ihm gewiss glücklich. Und dann brach die Welt für dich zusammen, als du erfahren hast, dass er mit deiner besten Freundin ein langjähriges Verhältnis unterhielt, mehr noch, dass das Kind deiner Freundin auch sein Kind war. Diesen neuen Verrat hat dein Herz nicht mehr ausgehalten. Du konntest einfach nicht mehr. Der Schmerz war so groß, dass er die Liebe für mich einfach überdeckte. Und ich verstehe auch, weshalb du dich unter einem Baum zur letzten Ruhe legtest. Dein Vertrauen zu den Menschen war derart verletzt, dass nur noch die Natur Trost sein konnte. Mama, trotzdem, ich habe dich so vermisst, vermisse dich noch immer, aber ich bin dir nicht mehr böse. Ich liebe dich.»

Wie diese beiden Beispiele zeigen, führt die intensive Begegnung mit der Mutter als Mensch dazu, dass der Weg zur Liebe frei wird. Und in diesem Moment muss sich keine Tochter mehr von der Mutter abwenden und sagen: So wie sie nie.

Sondern sie wird für alles, was sie an ihr zutiefst ablehnte oder gar verachtete, eine klare Begründung haben und dafür Verständnis aufbringen können. Mehr noch, die Tochter wird plötzlich erkennen, was die Mutter alles geleistet hat, unter welchen Bedingungen sie versucht hat, ihr Bestes zu geben. Und deshalb ist es wichtig, die mütterlichen Lebensleistungen zu begreifen und zu würdigen. Vielleicht erwächst dann der Tochter plötzlich ein anderes Gefühl, wenn sie an ihre Mutter denkt oder ihr begegnet. Anstelle von peinlich berührt sind wir plötzlich stolz, statt genervt sind wir zuversichtlich, und statt ihr auszuweichen, wenden wir uns ihr nun zu.

Dies ist der Weg, wie wir unsere Mütter rehabilitieren können und aus tiefster Überzeugung sagen können: Diese großartige Frau hier ist meine Mutter. Sie hat ein schwieriges Leben mit vielfältigen Aufgaben und Hürden meisterhaft bewältigt. Ich bin ihre Tochter. Und ich möchte ebenso meiner Lebensaufgabe nach bestem Wissen und Gewissen gerecht werden. Deshalb ist sie mir ein gutes Vorbild, und ich möchte so werden wie sie.

*14.*

*Vom Ende der Schuldgefühle*

Schuldgefühle sind das Thema, das sowohl Mütter als auch Töchter bestens kennen und sie aufs Innigste miteinander verbindet. Die Mutter fühlt sich der Tochter gegenüber schuldig, die Tochter gegenüber der Mutter. Beide versuchen einigermaßen damit klarzukommen, sie bemühen sich, diese höchst unangenehmen Gefühle loszuwerden, indem sie entweder gegen sie kämpfen oder sie verleugnen. Schuldgefühle können aber auf diese Weise nicht entsorgt werden, sie schwimmen wie glitschige Fische in einem Aquarium herum, blinken mal hier, mal dort kurz auf, verschwinden jäh, um gleich wieder aus einer anderen Ecke hervorzuschießen. Und vor allem lassen sie sich nicht fassen, um sie einer logischen Bearbeitung zu unterziehen.

Wer sich aber auf den Weg gemacht hat, die mütterliche Lebensgeschichte kennenzulernen, ist bereits dabei, die Wahrheit zu erforschen. Interessant dabei ist festzustellen, dass sich das Bemühen um die Wahrheitsfindung in der Geschichte der Mutter in zwei Richtungen bewegt. Einmal, was die Mutter betrifft, zum andern aber, was die Tochter selbst betrifft. Denn für die Tochter ist es kaum möglich, sich Schritt für Schritt der eigenen Mutter zu nähern und sich dabei selbst fremd zu bleiben. So wirkt sich die Auseinandersetzung mit dem mütterlichen Lebenslauf gleichzeitig auch auf die Tochter aus, sie wird auf sich selbst zurückgeworfen und kommt

nicht darum herum, sich ebenso gezielt mit sich auseinanderzusetzen und sich über ihre eigene Lebensgeschichte Gedanken zu machen. Dabei kann es geschehen, dass eigene Erlebnisse plötzlich in einem anderen Licht erscheinen und sich
eigene Verhaltensweisen entschlüsseln lassen, die vorher unverständlich waren.

Je mehr Licht in die Geschichte unserer Ahninnen kommt,
umso größer wird also auch das Verständnis für uns selbst.
Denn die Erfahrungen, welche die Mütter und Großmütter
gemacht hatten, vor allem wenn sie sehr belastend waren, haben schließlich ihre Auswirkungen über Generationen hinweg. Ob das nun als ein biologischer Vorgang begründet oder
von lerntheoretischen Konzepten abgeleitet wird oder gar
über spirituelle Wege eine Erklärung findet, spielt letztlich
keine Rolle. Die vielfältigen Ängste, unter denen Frauen leiden, sind oft faktisch nicht erklärbar, und erst wenn die mütterlichen Kränkungs-, Demütigungs- und Schamerfahrungen
einbezogen werden, enthüllen sie sich und lassen sich auf reale
Begebenheiten zurückführen.

Manuela, fünfunddreißig, zwei Kinder, verheiratet mit einem begüterten Unternehmer, wurde ihre peinigenden Verar-
mungsängste trotz umfassender rententechnischer und testa-
mentarischer Absicherung nicht los. Erst als sie erfuhr, dass
ihre Mutter nach der Scheidung über mehrere Jahre unter dem
Existenzminimum leben musste, es aber ihr gegenüber niemals erwähnte, sondern sie im Gegenteil im Glauben ließ, alles sei finanziell in bester Ordnung, wurde ihr klar, woher die
Ängste kamen. Sie hatte also unbewusst die ganze Misere aufgenommen, dabei hatte sie aber keine Möglichkeit, ihre Wahrnehmung an realen Fakten festzumachen. So lagerten sich die
Ängste als etwas zu ihr Gehörendes ab, die sie ein Leben lang
quälten.

Priska war zwar glücklich verheiratet, aber davon überzeugt, dass ihr Mann sie eines Tages wegen einer anderen – vor allem jüngeren – Frau verlassen würde. Ihre penetrante Eifersucht und ihre ständigen Verdächtigungen hatten das Paar in eine tiefe Krise hineingeritten, die beinahe zur Scheidung geführt hätte. Diese konnte im letzten Moment verhindert werden, weil Priska das Leben der Mutter untersuchte und herausfand, dass ihr Vater ständig hinter jüngeren Frauen her war – vor allem den Hausangestellten – und ihre Mutter schließlich wegen eines Kindermädchens verließ. Das Benennen und Bewusstwerden ist ähnlich wie im Märchen, wenn es darum geht, das Zauberwort zu finden, um von einem Fluch erlöst zu werden.

Durch die Beschäftigung mit der mütterlichen Biografie wird also ein Prozess in Gang gesetzt, sich selbst zu erforschen, und mit jeder neuen Erkenntnis kommt man nicht nur der Mutter, sondern sich selbst allmählich näher. Es kann durchaus sein, dass zunächst Berge von Schutt und Müll wegzuräumen sind, eingelagerte fremde Meinungen, Lebenseinstellungen korrigiert oder einer Totalrevision unterzogen werden müssen, um an das Eigene und das selbst Erdachte zu gelangen. Erfolgt diese Auseinandersetzung unter Freundinnen, entstehen nicht selten daraus typische Freundinnenteams, mit Expeditionsgruppen vergleichbar, deren Ziel aber nicht darin besteht, den Gipfel eines Berges zu erklimmen, sondern den Mutterkontinent und damit den eigenen Seelengrund zu erforschen.

Sich selbst näherzukommen heißt wahrhaftig werden. Je näher man sich selbst kommt, umso kleiner ist die Bereitschaft, irgendetwas beschönigen oder verheimlichen zu wollen. Es ist dieses berauschende Gefühl, Ja zu sich zu sagen, einverstanden zu sein mit sich selbst. Vielleicht sind es Momente, in welchen sich die Seele pudelwohl fühlt, schnurren möchte vor Wonnegefühl und sich sowohl nach innen als auch nach außen zu öffnen vermag.

Wenn diese Offenheit nicht erreicht wird, ist man ständig damit beschäftigt, sich und anderen etwas vorzumachen, um das konstruierte Selbstbild aufrechtzuerhalten. Dann sind Mütter und Töchter mit Schauspielerinnen zu vergleichen, die sich bemühen, ihre Rollen gut zu spielen. Da in ihren Texten negative Gefühle gegenüber der anderen nicht vorgesehen sind, verzichten beide auf die Wahrnehmung ihre eigenen wahrhaftigen Regungen und Impulse. Wer sich aber nur erlaubt, die eine Hälfte der Gefühlseindrücke aufzunehmen, und die andere verleugnet, lebt etwas neben sich. Wer neben sich lebt, sich selbst vergisst, entwickelt Schuldgefühle. Aus gutem Grund, denn schließlich ist es eine Treulosigkeit sich selbst gegenüber: Man bleibt sich selbst das Leben schuldig. Schließlich haben wir dieses Leben ja nicht geschenkt bekommen, um es zu vertrödeln, sondern um es vollumfänglich zu entfalten und zur Blüte zu bringen. Am Beginn der Selbstentfaltung steht die eigene Wahrhaftigkeit. Denn nur aus seinem wahrhaftigen Grund heraus ist der Mensch in der Lage, sein Bestes aus sich herauszudestillieren. Dies gilt übrigens ebenso für Liebesbeziehungen! Gleichzeitig generiert der Verzicht auf ein eigenes Leben eine Erwartung, dafür belohnt zu werden. Fällt diese Belohnung aber aus, bleibt eine Schuld offen. Mütter, die auf ihr Leben verzichten, verharren oft unbewusst in dieser Haltung, für ihr immenses Opfer etwas rückvergütet zu erhalten. Die Tochter nimmt diesen oft unausgesprochenen Anspruch auf, wehrt sich zwar dagegen, entwickelt aber prompt ihrerseits ebenfalls Schuldgefühle.

Deshalb stecken Mutter und Tochter gleichermaßen in einem ständigen Krisenherd, kämpfen gegen die eigenen latenten negativen Gefühle an und versuchen diese zum Schweigen zu bringen, gleichzeitig versuchen sie die Beziehungs-Feuerlinie im Griff zu behalten. Dieser Krieg ist nicht nur kraftraubend, sondern verhindert zugleich jede Möglichkeit, dass sich zwei Frauen, die sich eigentlich verbunden fühlen, ehrlich begegnen können.

Es ist eine besonders anstrengende Aufgabe, das, was einen wirklich bewegt, unter Verschluss zu halten, schließlich kämpft man stets gegen eigene Impulse und Gefühle an. Es ist zu vergleichen mit dem Versuch, in einem Haus zu leben und dabei ständig mit einer Hand die Kellertüre zuzuhalten. Ist es da verwunderlich, wenn sich Frauen immer wieder darüber beklagen, sich irgendwie auf unerklärliche Weise blockiert zu fühlen und nichts auf die Reihe kriegen?

Sowohl Mütter als auch Töchter leben mit der eigenen Rolle derart innig verbunden, dass sie ihnen wie eine zweite Haut übergewachsen ist und sie gar nicht mehr spüren, dass sie eigentlich neben sich selbst leben. Das fremde Kostüm ist immer zu eng und lässt zu wenig Lebensraum für das Eigene. Die unterschwellige Erwartung, durchmischt mit Wut aufeinander, sorgt dafür, dass sie nicht voneinander loskommen – auch wenn sie das noch so wünschen. Und weil eine Vielzahl von Müttern und Töchtern, statt sich selbst die Treue zu halten, sich einer Rolle unterordnen, haben Schuldgefühle in dieser Gruppe Hochkonjunktur.

Mütter verfügen in der Regel über einen Katalog von Themen, die ihnen Schuldgefühle erzeugen: Sie fühlen sich schuldig, weil sie ihrem Beruf nachgehen; sie fühlen sich aber auch schuldig, wenn sie sich ausschließlich der Familienarbeit und der Kindererziehung widmen; sie fühlen sich schuldig, wenn sie sich scheiden lassen und den Kindern den Vater «wegnehmen»; sie fühlen sich aber auch schuldig, wenn sie dem Kind nicht eine heile Welt bieten können; sie fühlen sich schuldig, wenn das Kind Schulschwierigkeiten hat; sie fühlen sich auch schuldig, wenn sie den Kindern keine teuren Auslandsferien bezahlen können. Nebenbei fühlen sie sich ebenfalls schuldig, wenn der Mann fremdgeht. Hinter den Schuldgefühlen verbergen sich die wahren Gefühle. Schuldgefühle sind wie Tarnkappen, um das, worum es eigentlich geht, nicht beim Namen nennen zu müssen: Es geht um Wut und Empörung, um Enttäuschung, Trauer und Schmerz.

Für die Mütter ist die Selbstverleugnung äußerst gefährlich. Die Gefahr, sich darin zu verlieren, ist groß. Und wenn man zum Beispiel in Diskussionen miterlebt, wie vehement und verbissen Mütter ihre Funktion als multiple Dienstleisterinnen als die schönste Betätigung auf der Welt verteidigen und dabei gleichzeitig Mütter, die einem Beruf nachgehen, als Rabenmütter angreifen und beschimpfen, erahnt man etwas von der inneren Zerrissenheit.

Als die Autorin Ayelet Waldmann[9] öffentlich äußerte, ihren Mann mehr zu lieben als ihre Kinder, fiel ein Heer aufgebrachter Mütter über sie her und beschimpfte sie. Die Fraktion der Mütter, die ihren Status verteidigen, hat guten Grund dazu. Jede Stimme, die wagt, die Wahrheit auszusprechen, ist gefährlich, was sie selbst verdrängen, muss sofort mundtot gemacht werden. Denn diesen Kampf müssen sie schließlich täglich mit sich selbst ausfechten. Jeder auflehnende Impuls gegen die eigene Rolle muss unverzüglich zum Schweigen gebracht werden. Und man muss sich selbst einer autosuggestiven Hirnwäsche unterziehen, um sich einzureden, wie schön es ist, tagein, tagaus den Dreck für die ganze Familie wegzuräumen. Diese Mütter sind Meisterinnen darin, die winzigen Belohnungseinheiten, wie z. B. dem schlafenden Kind noch über die Stirne zu streichen und es zuzudecken, als das größte

Glück überhaupt zu bewerten. Und weil mit einem Kind zu leben tatsächlich auch mit unendlich vielen Freuden verbunden ist, blenden sie die Kehrseite der Medaille großzügig aus. So werden kleinste Zeitfenster, in denen sie als Dienstleisterin nicht beansprucht werden, auf dem Wohlfühlkonto verbucht.

So führen viele Mütter ein Leben zwischen Himmel und Hölle. Zwischen Stimmungsschwankungen, die von himmelhochjauchzend bis zu kreuzunglücklich reichen. Weil viele aber ausschließlich die positiven Gefühle zulassen und die negativen nicht einmal wahrzunehmen in der Lage sind, machen sie gute Miene zum gefährlichen Spiel. Wundert es da jemanden, wenn Mütter in ihren Verhaltensweisen als höchst zwiespältig und ambivalent, sowohl als liebevoll, aber auch als kalt beschrieben werden, als selbstbewusst und als unsicher, als stark und beinahe gleichzeitig als völlig hilflos, je nachdem, welche Welle sie gerade entweder mit Glückshormonen durchströmt oder an die steinigen Klippen der Selbstverleugnung spült.

Die Anpassungsleistung, die sich Mütter täglich abfordern, indem sie sich mit einer Rolle abfinden, die ihnen nur teilweise entspricht, ist immens. Nach einer Umfrage zum Frustrationsquotienten für Familienarbeit, die ich im Frauenseminar Bodensee bei über 200 Frauen gemacht habe, zeigte sich, dass rund 70 % der Befragten angeben, ca. 80 % (achtzig!) der Arbeiten, die sie im Haushalt verrichten, äußerst ungern zu machen. Diese Zahl zeigt, was Frauen für eine gewaltige Verdrängungsarbeit leisten, um sich mit den wenigen Augenblicken der Zufriedenheit und des Glücks für den Rest zu entschädigen.

Da sie sowohl den eigenen als auch den gesellschaftlichen Erwartungen an eine gute Mutter zu entsprechen versuchen, werden alle negativen Impulse bereits im Keim erstickt. Was nicht sein darf, gibt es nicht. Den Wunsch, sich auf sich selbst zurückzubesinnen, nachzuspüren, was für einen richtig ist, gibt es für viele Mütter nicht.

So sind Mütter einem ständigen Druck ausgesetzt, einerseits der Rollenerwartung gerecht zu werden und andererseits das, was sie wirklich fühlen, zu verdrängen. Was sie aber als Mütter durchaus richtig wahrnehmen, ist ihr Gefühl, alles gegeben zu haben, nämlich sich selbst aufgeopfert zu haben und dafür keinen auch nur einigermaßen entsprechenden Gegenwert bekommen zu haben. Und so verlangen diese Mütter unausgesprochen, aber mit fordernder Haltung eine Entschädigung, die in Form von Dankbarkeit zu erbringen ist. Dies wiederum fällt in der Regel bei der Tochter auf fruchtbaren Boden, schließlich kennt sie sich in Sachen Schuldgefühle bestens aus und hat ihre Lektion gut von der Mutter gelernt.

Es gibt nun tatsächlich Töchter, die sich oft in ihrem ganzen erwachsenen Leben bemühen, der Mutter für die geleisteten Dienste Dankbarkeit zu erweisen, indem sie immer für sie da sind. Die Mutter wird entweder in die eigene Familie «eingebaut», was sich auf das familiäre Zusammenleben eher selten günstig auswirkt, oder die Tochter verzichtet ganz auf ein eigenes Leben und darauf, eine eigene Familie zu gründen. Da können sich die Töchter noch so um die Mutter bemühen, das Gefühl, keinen angemessenen Gegenwert für die Selbstaufopferung zu erhalten, bleibt bestehen. Da aber die Tochter der Mutter niemals ihr verlorenes Selbst ersetzen und ihren Bedarf nach Wiedergutmachung stillen kann, erlebt die Tochter, dass sie eigentlich machen kann, was sie will, es ist nie genug. Sie fühlt sich entsprechen schlecht und entwickelt ebenfalls Schuldgefühle.

Ich erinnere mich an einen Vortrag, nach welchem ich von einer sehr verzweifelten, etwa fünfzigjährigen Frau angesprochen wurde: «Helfen Sie mir! Sie müssen mir helfen! Wie kann ich das Opfer, das meine Mutter für mich erbrachte, je wiedergutmachen! Meine Mutter hat auf eine eigene Karriere als Schauspielerin verzichtet, um mich großzuziehen! Wie kann ich ihr das je vergelten?» Die Art und Weise, wie sie mich in Beschlag nahm und nicht von mir lassen wollte, ehe ich ihr nicht ein Rezept verraten hätte, zeigte das besitzergreifende Beziehungsmuster, das sie offenbar von ihrer Mutter kannte.

Diese besonders tragische Mutter-Tochter-Beziehung wird in dem Film von Daren Aronofsky «Black Swan» besonders eindrücklich erzählt. Nina, einer jungen, ehrgeizigen Balletttänzerin, gelingt es nicht, sich aus der engen Bindung an die Mutter zu befreien. Sie bleibt ihr «kleines Mädchen», das mit Teddybären ins Bett geht und sich von der Mutter in den Schlaf singen lässt. Die Mutter, einst selbst Balletttänzerin, die es aber nie geschafft hatte, sich von der Position der Gruppentänzerin zur Solotänzerin vorzuarbeiten, unterstützt ihre Tochter, damit sie sich mit viel Disziplin und einem äußerst harten Trainingsprogramm an die Spitze vorarbeitet. Blutige Füße und ein zerschundener Körper gehören wie selbstverständlich dazu. Die enge Mutterbeziehung verhindert, dass Nina erwachsen werden und sich als Frau mit ihrer weiblichen Sexualität entdecken kann. Als sie den schwarzen Schwan tanzen soll, der vor allem das Dionysische, Leidenschaftliche zur Darstellung bringen sollte, gerät sie an ihre Grenzen. Nina flüchtet in Wahnvorstellungen und schließlich in den Tod. Die Tochter hatte keine Chance, ein eigenes Leben zu führen, sondern opferte sich der mütterlichen Vision.

Die einzige Möglichkeit für die Mutter, aus dieser destruktiven Mutterliebe herauszufinden, besteht darin, sich auf die Suche zu machen, um sich selbst wiederzufinden. Die Ehrlichkeit der Tochter könnte ihr dabei sehr hilfreich sein, sich selbst zuzuwenden und damit die Tochter endlich aus der Verpflichtung zu entlassen, ihr das nicht gelebte Leben ersetzen zu müssen.

Wenn Mütter Kenntnis davon hätten, dass ihre verdrängten negativen Gefühle die Grundpfeiler für die späteren Schuldgefühle der Tochter bilden, würden sie sich mit größter Wahrscheinlichkeit darum bemühen, sich mit sich selbst zu beschäftigen. Mit der mütterlichen Verleugnungsstrategie liefert die Mutter die Vorlage für die Tochter, dass es offensichtlich zur weiblichen Verhaltensnorm gehört, nicht zu sagen, was man denkt und fühlt. Denn die Tochter spürt doch die Ambivalenz, nimmt die negative Stimmung auf, erlebt, wie die Mutter versucht sich einzureden, sie sei eine glückliche Mutter. Dass die Tochter die unausgesprochene Unzufriedenheit auf sich bezieht, ist naheliegend, schließlich spürt sie bereits als kleines Kind, dass die Überbelastung auch mit ihr zu tun hat und dass sie «schuld» ist, wenn sich die Mutter nicht rundum glücklich fühlt.

Zugleich erlebt die Tochter das tragische Schauspiel der Selbstverleugnung. So erlernt sie die Kunst der Verstellung als weibliche Strategie mit der Muttermilch. In einem solchen Klima hat die Tochter ebenfalls keine Chance, wahrhaftig zu sein und zu sich zu stehen. Was wohl in einer Tochter vorgeht, wenn sie ihre Mutter wie ein blindes Huhn durch die Gegend gackern sieht! Obwohl die Tochter doch weiß, dass ihre Mutter keineswegs dumm ist, muss sie mitansehen, wie sie sich für dumm verkaufen lässt. Welche inneren Verrenkungen muss eine Tochter vollziehen, wenn sie erlebt, wie die Mutter eher einem Häufchen Elend als einer selbstbewussten Frau gleicht? Welche Verachtung bildet sich in der Tochter, wenn sie z. B. Sätze von der Mutter hört wie «Politik interessiert mich nicht»? Das heißt, es ist ihr völlig egal, wie das gesellschaftliche Leben organisiert wird. Einerseits schimpft sie über die mangelnde Infrastruktur für Kinderbetreuungsplätze, aber selbst rührt sie keinen Finger. Was geht in einer Tochter vor, wenn sie bei der Mutter erlebt, dass sie selbst das Denken eingestellt hat und sich nur noch nach fremden Diktaten richtet? Durch welche Irritationen muss sich die Tochter quälen, wenn sie den trüben Blick der Mutter sieht, der trotz deren Bemühung, sich nichts anmerken zu lassen, dennoch nicht zu übersehen ist?

Für jede Tochter ist es eine schwere Enttäuschung, wenn sie miterlebt, wie die Mutter sich in einer Hundehütte eingerichtet hat, nur noch jaulen, winseln oder bellen kann, statt sich in einem stattlichen Haus zu bewegen.

Andere Töchter reagieren auf die oft stumm erwartete Dankbarkeit bockig, ablehnend oder gar mit Wut. Aber auch diese Variante wird von Schuldgefühlen und Gewissensbissen auf der Seite der Tochter gekrönt. Damit bleibt auch die Tochter im Teufelskreis von Schuld und schlechtem Gewissen einerseits und dem inneren Drang andererseits, ihr Leben frei nach ihren Vorstellungen zu führen, gefangen.

So wird die Mutter-Tochter-Beziehung in vielen Fällen von einem unsichtbaren Netz aus verschiedenartigen Schuldgefühlen überzogen. Es verunmöglicht beiden Frauen das, was sie wirklich verbindet, zu leben. Wenn es aber gelingt, sich zur eigenen Wahrhaftigkeit durchzuarbeiten, die eigenen Gefühle, ob positiv oder negativ, wahrzunehmen, dann begegnen sich zwei Frauen, die sich zutiefst miteinander verbunden fühlen, die sich aufeinander verlassen können und die beide eine tiefe unauflösliche Liebe verbindet.

Wenn sich Mütter aus ihrer Rolle befreien, hebeln sie nicht nur die Schuldgefühle, sondern ebenso den frauenfeindlichen Muttermythos aus, der sie daran hindert, wie menschliche

Wesen aus Fleisch und Blut zu fühlen. Dann schreiben sie selbst ihr Drehbuch, übernehmen nicht fremde Rollen, die sie perfekt zu spielen versuchen, sondern sie horchen genau in sich hinein, wie es um sie steht. Sie machen Schluss mit der Selbstsuggestion, kurz vor der Heiligkeit stehen zu müssen, makellos, fehlerfrei, dem Mutter-Teresa-Syndrom nacheifernd oder dem Muttergotteswahn verfallend, immer liebend, gütig, milde, rein, immerzu geduldig, ohn' Unterlass verstehend, mit dem allumfassenden Mutter-Gütesiegel versehen. Sie hören auf, sich pausenlos zu bemühen, dem Bild der guten Mutter gerecht zu werden, sich anzupassen oder sich oft bis zur Unkenntlichkeit zu verbiegen. Sie hören auf, sich einzureden, dass es doch nichts Schöneres gibt als Mutter zu sein und dabei sich selbst zu vergessen. Diese Mütter durchschauen, dass die selbstlose Mutterliebe eine Mogelpackung mit schweren Folgen sowohl für sie als auch für die Tochter ist.

Wenn Töchter ihre Schuldgefühle loswerden wollen, kämpfen sie in der Regel gegen die Mutter, wenden sich von der Mutter ab oder weisen sie brüsk zurück. Und wenn sie danach feststellen, dass die Schuldgefühle immer noch da oder sogar noch etwas intensiver geworden sind, wiederholen sie dieselben Muster. Eine andere Möglichkeit besteht darin, sich zu fragen, was sie am Verhalten der Mutter denn ärgert oder gar abstößt. Und dann lernen sie, diese Gefühle in Worte zu fassen. Dass dies sowohl für die Tochter als auch für die Mutter alles andere als angenehm ist, ist verständlich.

Der größte Liebesdienst, den sie sich gegenseitig erweisen können, besteht darin, sich offen und ehrlich zu sagen, was sie füreinander fühlen. Die Tochter mutet der Mutter ihre eigene Wahrnehmung und ihre Gefühle zu und bezeugt ihr mit diesem Akt der Wahrhaftigkeit den größten Respekt. Die Mutter sieht in der Tochter nicht mehr ein schonungsbedürftiges hilfloses Wesen, sondern macht Schluss mit dem Welpenschutz und führt sie schnörkellos in die Spielregeln der Welt ein und konfrontiert sie mit der Realität.

Wenn der geheime Mutter-Tochter-Pakt aufgelöst wird, der darin besteht, sich nicht offen und ehrlich zu sagen, was man denkt und fühlt, wird der Weg frei in eine neue Beziehungsqualität. Die gegenseitige Ehrlichkeit ist der Auftakt für eine Mutter-Tochter-Beziehung, die auf dem unerschütterlichen Vertrauen zueinander basiert. Es ist ein Quantensprung in der Beziehung zwischen Mutter und Tochter, wo Schuldgefühle definitiv keinen Platz mehr finden.

## 15.

*Vom Anfang einer neuen Mutter-Tochter-Beziehung*

Ich habe in Seminaren sowohl mit Müttern, die ja auch alle zugleich Töchter sind, als auch mit Töchtern gearbeitet und sie aufgefordert, in sich hineinzuhorchen, um ihre wahren Gefühle wahrnehmen zu können.

Es war nicht einfach, und die meisten taten sich schwer. Denn Mutter und Tochter gehen davon aus, dass es höchst gefährlich sei, der eigenen Wahrnehmung zu vertrauen und ihre Gefühle und Gedanken ernst zu nehmen. Wer sich daran gewöhnt hat, nur das wahrzunehmen, was gefällig ist und erwünscht wird, hat zunächst viel damit zu tun, sich selbst in die Karten zu schauen, offen und ehrlich sich selbst gegenüber zu sein und die eigenen Gefühle klipp und klar beim Namen zu nennen. Es ist ein langwieriger Lernprozess, sich wieder auf sich zurückzubesinnen, den Blick nach innen zu richten, nicht den Vorgaben zu folgen, die von außen kommen, sondern die wahren Gefühle und Gedanken zu erkennen. Das heißt nichts weiter, als Schluss zu machen damit, fremde Textpassagen auswendig zu lernen und sie via Hirnwäsche so oft zu wiederholen, bis selbst daran geglaubt wird. Wahrhaftig werden heißt, aufgrund eigener Empfindungen, Gefühle und Überlegungen das Eigene anzuerkennen und in Worte zu fassen. Die Befürchtung, mit der Wahrnehmung negativer Aspekte gleichzeitig auch alles Positive zu verlieren, ist groß. Es ist das typische Schwarz-Weiß-Denken, das Entweder-Oder. Dabei machen doch die meisten die Erfahrung in ihrem Leben, dass ausgerechnet jene Menschen, die sie am meisten lieben, sie gleichzeitig am meisten nerven können.

Wer sich diese Mühe macht, der eigenen Wahrheit nachzuspüren, wird bald feststellen, dass es mit jeder Wahrheitsfindung leichter wird. Es fühlt sich an, wie wenn beschwerliches und zudem überflüssiges Gepäck abgeworfen würde. Energie, die vor allem dafür verwendet wurde, unliebsame Regungen und Gefühle zu unterdrücken, werden frei und stehen einem dann zur Verfügung. Für viele Frauen ist das ein hartes Ringen mit sich selbst, sie fragen sich, darf ich so ehrlich sein? Darf ich alles sagen, was ich denke? Darf ich meiner Mutter wirklich sagen, was ich über sie denke?

Raina, fünfundzwanzig Jahre alt, kaufmännische Angestellte, lebt mit ihrem Freund seit zwei Jahren zusammen und hat das Gefühl, unter ihren Schuldgefühlen, die sie gegenüber ihrer Mutter empfindet, einfach zusammenzubrechen. Obwohl sie sich immer wieder bemüht, nett zu ihr zu sein, und auch regelmäßige Pflichtbesuche macht, ist sie nach jeder Begegnung fix und fertig: «Ich halte diesen Anblick nicht mehr länger aus – nein, so was soll meine Mutter sein!» Es fällt ihr äußerst schwer, diese Worte zu finden:

«Mami, du meinst es zwar gut, aber ich kann das alles nicht mehr ertragen. Du bist so lieb und geduldig, lässt alles mit dir machen, und wenn Vater dich zusammenbrüllt, schweigst du demütig, senkst die Augen, seufzt und siehst aus wie ein Opferlamm, das zur Schlachtbank geführt wird. Das alles ist so würdelos! Du wehrst dich nicht, stehst nicht ein für dich, und wenn ich das miterleben muss, empfinde ich zwar Mitleid mit dir, aber auch Verachtung für dich. Deshalb mag ich dich auch nicht mehr so oft besuchen, weil ich diesen unterwürfigen Blick nicht mehr aushalte! Ich wünschte mir immer eine Mutter, die sich nicht unterkriegen lässt, und vor allem, die nicht ständig wie ein leidendes Opfer herumläuft.»

Denise, zweiunddreißig, ein Kind, alleinerziehend und im Dauerclinch mit ihrer Mutter, die ihr auch unter der Woche das Kind hütet:

«Mutter, ich schäme mich mit dir, und ich bin froh, wenn du möglichst nicht öffentlich in Erscheinung trittst. Wenn man dich sieht, denkt man sofort an eine Schlampe, ungepflegt, in deinen scheußlichen Schlabberhosen, eine Frau, die nichts weiter kann, als auf einem Glimmstängel herumzukauen. Ich darf gar nicht daran denken, wie es wird, wenn du Leila in den Kindergarten bringen wirst. Ich möchte so gerne eine tolle Großmutter für mein Kind, und ich hätte eben gerne auch eine Mutter, auf die ich wenigstens ein wenig stolz sein könnte.»

Wanda, siebzehn Jahre jung, Schülerin, aber bereits beim Schlüsselsatz angelangt: «So wie die Mutter möchte ich nicht werden.» Und sie fährt fort:

«Gut, Mom, du siehst für dein Alter noch immer ganz passabel aus, hast den lockeren Ton drauf – der mir ja auch irgendwie gefällt –, aber insgeheim denke ich dann doch, das darf ja wohl nicht wahr sein. Du benimmst dich einfach nicht wie eine Mutter. Und wenn du dich auch noch in meine Jeans hineingehungert hast, laut herumjohlst, schau-mal-ich-pass-da-noch-rein, dann denke ich, die hat ja nicht mehr alle. Auch wenn Jungs mich besuchen und du immer auch mit dabei sein willst, hasse ich das. Du machst auf jung, das geht mir auf die Nerven. Ich will ja nicht eine gleichaltrige Kollegin, sondern einfach eine Mutter, verstehst du.»

Yvonne, 42, drei Kinder, macht es kurz:

«Ich kann deine Leidensmiene nicht mehr mitansehen! Mama, ich weiß doch, du bist nicht so hilflos, wie du dich stets zeigst! Denn hintenherum kannst du ganz schön bissig sein.»

Und auch meine Tochter Maya legte zu meiner großen Verwunderung noch nach: «Es gab Zeiten, da habe ich mich einfach für dich geschämt und hatte gleichzeitig eine unheimliche Wut auf dich. Als du mit deinem Psychologiestudium begonnen hast, gab es nur noch dieses eine Thema: Psychologie. Wo auch immer du warst, etwas anderes hat dich nicht mehr interessiert. Ich bekam als Kind den Eindruck, dass du darüber ein großes Wissen ansammelst. Aber wenn wir beim Großvater waren, dann hast du plötzlich alles vergessen und zwar leicht genervt, aber brav wie ein kleines Mädchen angehört, was er über Psychologie denkt. Er hielt lange und vor allem langweilige Vorträge über die Psychoanalyse, und ich sah auf deinem Gesicht, dass er keine Ahnung davon hatte. Aber du schwiegst und lächeltest zwar etwas gequält, aber freundlich. Und ich hätte am liebsten laut geschrien. Das war unter deiner Würde!»

Das saß. Aber ich bedankte mich für diese klaren Worte und habe mir geschworen, mein Wissen nie mehr hinter Hilflosigkeit und gefälligem Lächeln zu verbergen.

Für alle Töchter war es ein Mutsprung, ehrliche Worte zu finden für das, was sie fühlten. Sie hatten sich längst daran gewöhnt, um die Wahrheit herum einen Bogen zu schlagen und den Mund zu halten. Und noch etwas war zu beobachten. Die Töchter wollten die Sätze mehrere Male wiederholen, die Lautstärke schwoll dabei bei einigen zunehmend an, aber, so erklärten sie hinterher, jedes wahre Wort, das sie ausgesprochen hatten, habe sie einfach erleichtert. Und allen war klar, sie wollten in diesem ehrlichen Ton mit ihren Müttern sprechen.

Aber auch für Mütter ist es ein Mutsprung, selbst im Rückblick auf ihre Vergangenheit ihre Gefühle den Kindern gegenüber ehrlich zu formulieren. Darf man das dem eigenen Kind überhaupt sagen, was man denkt und fühlt? Darf eine Mutter auch ablehnende Gefühle gegen ein Kind haben? Wird es denn nicht noch schlimmer, wenn ich es auch noch laut sage? Wer sich selbst die Erlaubnis erteilt, einfach sich selbst gegenüber ehrlich zu sein, schwimmt dabei gegen den Strom und torpediert das Bild der rundum liebenden Mutter. Dennoch wagten sie sich, wenn auch zunächst vorsichtig, daran:

Meret, sechsundsechzig, blickt zurück: «Ja, manchmal warst du mir einfach zu viel, und ich wünschte mir, ich hätte dich für ein paar Tage abgeben können, damit ich mehr Zeit für mich gehabt hätte.»

Anna-Maria, neunundvierzig, Familienfrau: «Du hast mich wahnsinnig genervt mit deiner ewigen Fragerei, mit deinem Bewegungsdrang und deinen tausend Forderungen an mich, am liebsten hätte ich dir einfach mal eine richtige Ohrfeige gegeben, dass du endlich die Klappe hältst.»

Rosaria, Anwältin, einundfünfzig: «Nach der qualvollen Scheidung von deinem Vater sah ich in dir sein Ebenbild, und ich musste mich stets selbst darüber hinwegtäuschen. Was hätte ich darum gegeben, wenn du wenigstens jedes zweite Wochenende zu ihm gegangen wärst, aber nein, sagtest du, du möchtest lieber bei Mami bleiben. Und um ganz ehrlich zu sein, ich hätte auch nichts dagegen gehabt, wenn du ganz zum Vater gezogen wärst. Aber er wollte davon nichts wissen, vor allem seine zweite Frau. So bliebst du bei mir, und es gab Tage, da wusste ich weder ein noch aus.»

Gundula, selbstständige Geschäftsfrau, vierzig: «Definitiv, ich liebe nicht alle meine Kinder gleich. Die Jüngste ist eine fürchterliche Heulsuse und fordert mich jeden Tag heraus, nicht zu explodieren. Die Älteste dagegen ist eine Kratzbürste und wehrt mich ab, wo sie nur kann. Der Mittlere aber, der ist mein Sonnenschein. Wie sollt ich da alle gleich lieben können! Es gibt sogar Zeiten, da liebe ich die Katze noch mehr als meine Kinder.»

Die Befürchtung, dass das, was dabei entdeckt und ausgesprochen wird, in keiner Weise zum Rollenbild gehört, ist sehr groß. Denn aus der Rolle gekippt zu werden ist gerade für Mütter sehr beängstigend, die Bezeichnung, keine gute Mutter zu sein, ist wie das Brandmal, nicht zu den menschlichen Wesen gezählt zu werden. «So eine wie die ist überhaupt keine Mutter.» Und sie kann froh sein, wenn nicht gleich auch noch an ihrer Geschlechtsidentität gezweifelt wird, eben «keine richtige Frau» zu sein. Und viele Frauen haben leider nur diese eine Identität, die als Mutter, zur Verfügung. Wenn sie den Rollenerwartungen nicht entsprechen, gibt es sie ja gar nicht mehr.

Wenn Mütter ihren Kindern gegenüber ehrlich werden, spielt natürlich das Alter des Kindes eine große Rolle. So ist es nicht ratsam, einem Dreijährigen zu sagen, ich würde dich am liebsten weggeben. Dieser Wunsch resultiert ja bereits aus einem verdrängten Gefühl des Unbehagens, nämlich dass man einfach mal Ruhe braucht. Eine solche Äußerung kann auch ein kleines Kind verkraften und verstehen. Erwachsenen Kindern hingegen können Mütter durchaus das Gesamtpaket zumuten. Oft reagieren die erwachsenen Töchter – und selbstverständlich auch die Söhne – erleichtert, wenn endlich die Wahrheit auf dem Tisch liegt.

Ehrlichwerden befreit Mütter schlagartig vom Diktat, immer und pausenlos rundum für die Tochter nur wohlwollende Gefühle zu empfinden. Die gesamte Palette von Missfallen, Ungeduld, Ärger und Wut wird als gleichberechtigte Gefühle wahrgenommen, akzeptiert und sogar zum Ausdruck gebracht. Solche Mütter befreien nicht nur sich selbst, sondern gleichermaßen die Tochter von Schuldgefühlen. Wenn die Mutter nicht mehr mühsam ihre Gefühle zu beschönigen versucht, sondern ehrlich wird, nimmt sie der Tochter ihre Schuldgefühle. Die Mutter ist nicht mehr von ihrer unendlichen Opferbereitschaft gezeichnet, wofür die Tochter zeitlebens zu sühnen hat oder sogar auf ein eigenes Leben verzichtet.

Die Mutter kann sich der Tochter als Mensch zeigen, als Frau, die, wie sie, in einem gesellschaftlichen Umfeld lebt, in dem es viele Hürden zu überwinden gibt. So wird aus der sich bekämpfenden und kraftraubenden Gegnerschaft ein energiespendendes Miteinander. Sie sind sich gegenseitig behilflich, sich mit den Schwierigkeiten und dem Balanceakt Frausein gewinnbringend auseinanderzusetzen.

In welcher Form Ehrlichkeit umgesetzt werden kann, sollte den individuellen Bedürfnissen angepasst werden. Vielleicht ist als Auftakt ein offenes Gespräch zwischen Mutter und Tochter angesagt. Eine wird den Anfang machen müssen und der anderen mitteilen, sich in Zukunft die wahren Gefühle zeigen zu wollen. Es ist kaum zu erwarten, dass dieser Vorschlag zurückgewiesen wird, denn in jeder Position lockt die Erleichterung, nicht ständig um den heißen Brei herumtanzen zu müssen.

Selbstverständlich ist es nicht möglich, den Schalter von einem Tag auf den anderen umzulegen, ab heute zeigen wir einander, was in uns vorgeht. Es ist ein Lernprozess! Dazu gehört, gelegentlich wieder auf eine frühere Stufe zurückzufallen. Je gelassener wir uns auch Rückfälle erlauben, umso größer ist die Chance, dass wir uns allmählich dem annähern, wo wir wirklich echt und wahrhaftig sind.

Gerade in dieser Auseinandersetzung ist die Begleitung durch die beste Freundin von großem Vorteil. Durch die Gespräche über unsere Gehversuche in Sachen Wahrhaftigkeit schützen wir uns selbst davor, dass das Projekt wieder in Vergessenheit geraten könnte. Und weil die Freundin mit größter Wahrscheinlichkeit ebenfalls in einem ähnlichen Prozess steckt, verstärkt sich das Bemühen, der eigenen Wahrheit auf der Spur zu bleiben.

Und noch etwas. Dass sich diese Beschäftigung auch auf andere Beziehungen auswirkt, dürfte wohl klar sein. Es geht eben nicht, sich einerseits in der Beziehung zu Mutter oder Tochter um Ehrlichkeit zu bemühen und sich andrerseits dem Partner gegenüber zu verschließen oder ihm nicht offen zu zeigen, was man fühlt und denkt. Wer einmal dieses befreiende Gefühl erlebt hat, zu sich zu stehen, wie es auch immer ist, wird nicht mehr bereit sein, sich freiwillig in Fesseln zu legen.

Wenn Mütter und Töchter sich aufmachen, ihre Beziehung zu erforschen und zu bereinigen, werden sich aus einst problematischen und sich gegenseitig am Leben behindernden Mutter-Tochter-Beziehungen neue Gewinnerinnenteams entwickeln, die dazu beitragen, den weiblichen Kontinent zu erforschen und die verborgenen Schätze freizulegen.

1 Renate Valtin: Artikel im Tagesspiegel v. 2. Nov. 2010; Geschlechtsstereotypen «...weil ich im Stehen pinkeln kann»

2 Kast, Verena: Die beste Freundin. Was Frauen aneinander haben. München 1995

3 Zitiert aus: Annegret Stopczyk-Pfundstein: Philosophin der Liebe. Helene Stöcker, Sophie & Logos, Books on demand, 2002, S. 222

4 Irigaray, Luce: Zur Geschlechterdifferenz. Interviews und Vorträge. Wien 1987, S. 111f.

5 Muraro, Luisa: Der Begriff der weiblichen Genealogie. In: Vorträge von Luisa Muraro. Hg. von der Frankfurter Frauenschule. Materialband 5. Frankfurt/Main 1989, S. 12

6 Fuchs, Dörte, und Günter, Andrea: Charlotte Birch-Pfeiffer. «... denn die Liebe zu meiner vortrefflichen Mutter war wie die Quelle meines Lebens ...». In: Papierne Mädchen – Dichtende Mütter: Lesen in der weiblichen Genealogie. Hg. von Andrea Günter. Frankfurt/Main 1994, S. 185f.

7 Krauss-Meyl, Silvia: Die berühmteste Frau zweier Jahrhunderte. Maria Aurora Gräfin von Königsmarck, Regensburg 2002, S. 7

8 Ebd.

9 Ayelet Waldman: Böse Mütter. Meine mütterlichen Sünden, großen und kleinen Katastrophen und Momente des Glücks, Stuttgart 2010

Badinter, Elisabeth: Der Konflikt. Die Frau und die Mutter. Aus dem Französischen von Ursula Held und Stephanie Singh. C.H.Beck, München 2010

Baur, Gesine: Chopin oder die Sehnsucht. Eine Biographie. C.H.Beck, München 2010

Gschwend, Gaby: Mütter ohne Liebe. Vom Mythos der Mutter und seinen Tabus. Hans Huber, Bern/Göttingen/Toronto 2009

Hebbel, Friedrich: Maria Magdalena. Ein bürgerliches Trauerspiel in drei Akten. Reclam, Ditzingen 1986

Irigaray, Luce: Genealogie der Geschlechter. Aus dem Französischen von Xenia Rajewsky, Kore, Freiburg 1989

Irigaray, Luce: Zur Geschlechterdifferenz. Interviews und Vorträge. Frauenforschung Bd. 5, Wiener Frauenverlag, Wien 1987

Jacoby, Mario: Scham-Angst und Selbstwertgefühl. Ihre Bedeutung in der Psychotherapie. Patmos, Ostfildern 2004

Jarosch, Linda/Larson, Andrea: Ich sehe dich und finde mich. Mutter-Tochter-Beziehung – der Schlüssel zur eigenen Kraft. Kreuz, Freiburg 2010

Käßmann, Margot: Mütter in der Bibel. 20 Porträts für unsere Zeit. Herder, Freiburg 2010

Kast, Verena: Die beste Freundin. Was Frauen aneinander haben. dtv, München 1995

Kast, Verena: Verbunden mit der Mutter. Kreuz, Freiburg 2008

Krauss-Meyl, Sylvia: Die berühmteste Frau zweier Jahrhunderte. Maria Aurora Gräfin von Königsmarck. Pustet, Regensburg 2002

Lerner, Harriet G.: Angst, Furcht und Scham. Vom befreienden Umgang mit schwierigen Gefühlen. Gütersloher Verlagshaus, München 2006

Libreria delle donne di Milano: Wie weibliche Freiheit entsteht. Mit einem Vorwort von Antje Schrupp, aus dem Italienischen von Traudel Sattler. Orlanda Frauenverlag, Berlin 2001

Markert, Dorothee: Wachsen am Mehr anderer Frauen. Vorträge über Begehren, Dankbarkeit und Politik. Christel Göttert, Rüsselsheim 2002

Menschik, Jutta: Feminismus. Geschichte, Theorie, Praxis. Pahl-Rugenstein, Bonn 1977

Militello, Cettina: Mütter und Geliebte, Nonnen und Rebellinnen. Frauen, die Geschichte machten. Styria, Graz 1997

Muraro, Luisa: Die symbolische Ordnung der Mutter. Aus dem Italienischen von Gesa Schröder. Christel Göttert, Rüsselsheim 2005

Sand, George: Ein Winter auf Mallorca. Aus dem Französischen von Annette Keilhauer. Goldmann, München 2006

Schlientz, Gisela: Ich liebe, also bin ich: Leben und Werk von George Sand. C.H.Beck, München 1989

Schreiber, Hermann: Mätressen der Weltgeschichte. Weltbild, Augsburg 2006

Stopczyk-Pfundstein, Annegret: Philosophin der Liebe. Helene Stöcker. Die ‹Neue Ethik› um 1900 in Deutschland und ihr philosophisches Umfeld bis heute. Sophia & Logos, Books on demand, 2002

Strohmeyr, Armin: George Sand – ‹Glauben Sie nicht zu sehr

an mein satanisches Wesen›. Eine Biografie. Reclam, Leipzig 2004

Waldmann, Ayelet: Böse Mutter. Meine mütterlichen Sün-
den, großen und kleinen Katastrophen und Momente des
Glücks. Aus dem Englischen von Isabel Bogdan. Klett-
Cotta, Stuttgart 2010

## Erstellung eines Genogramms

Ein Genogramm ist eine grafische Darstellung des Familienstamm-
baums, der über drei oder mehr Generationen hinweg vielfältige Informationen über die Mitglieder einer Familie, ihre Beziehungen und
ihre Erfahrungen enthält.
Folgende Angaben sollten aufgeführt werden:
1. Geburtsdatum, Heirat, Trennung, Scheidung, Tod
2. tot geborene Kinder, Abtreibungen, Krankheiten
3. Kinder aus früheren Beziehungen
4. Erfahrungen, die das Leben prägen
Da es keine allgemeingültige Symbolzeichensprache gibt, können eigene Symbole verwendet werden. Hier einige Vorschläge:

| | | | |
|---|---|---|---|
| männlich | □ | weiblich | ○ |
| Heirat | ⚭ | Scheidung | // |
| außereheliche Partnerschaften | | ⬚ | |
| Tod | × | Krankheit | × |
| Totgeborene Kinder | ⚹ | Abtreibung | ⫽ |
| Kinder aus früheren Beziehungen | | männlich ⧈ weiblich ◎ | |

Die Auswahl der Kriterien ist völlig frei, ebenso können auch Zeichen eingeführt werden, die eine spezielle Problemstellung kenn-
zeichnet, z. B. Alkoholprobleme, Drogen, Kriminalität.
Um die weiblichen Erfahrungen der Entwertung zu rekonstruieren,
werden hier die folgenden Abkürzungen verwendet:

sexuelle Beschämung     SX
Demütigung Geld         DG
Kränkung Bildung        KB

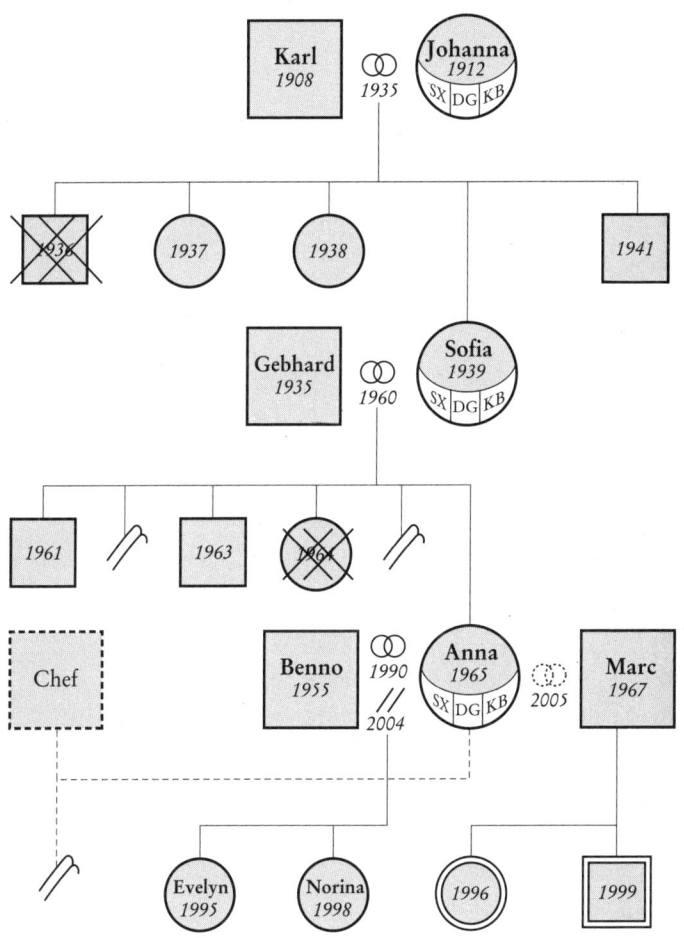

*Erklärung des Genogrammbeispiels:*

Anna, Mutter von zwei Mädchen, Evelyn und Norina, wollte Tierärztin werden. Die Brüder, 1961 und 1963 geboren, konnten studieren, sie als Mädchen musste eine Lehre machen. Sie lernt Buchhändlerin und wird von ihrem verheirateten Chef geschwängert. Abtreibung. Später Heirat mit einem Firmeninhaber Benno. Sie lässt sich nach vierzehn Ehejahren scheiden, weil der Mann eine Freundin hat. Lebt mit zwei Kindern nach der Scheidung unter dem Existenzminimum, ab 2005 in einer Partnerschaft mit Marc, der ebenfalls geschieden ist und zwei Kinder hat.

Sofia, Mutter von Anna: ist Klassenbeste, hat hervorragende Zeugnisse und will Lehrerin werden. Da der Vater Alkoholprobleme hat und die Familie nicht ernähren kann, müssen alle Mädchen nach Beendigung der obligatorischen Schulzeit in der Fabrik arbeiten. In der Ehe mit Gebhard ist sie sehr unglücklich, er gibt sein Geld für Prostitution aus. Zwei Abtreibungen, eine Totgeburt.

Johanna, Großmutter von Anna: einziges Mädchen unter fünf Brüdern. Sie hat die Rolle der Magd für ihre Brüder. Sexueller Missbrauch durch die ältesten zwei Brüder.

In dieser Herkunftslinie finden sich alle klassischen Entwürdigungen, Beschämungen und Kränkungen.

Es ist zu hoffen, dass es den beiden Mädchen von Anna gelingt, die Linie der klassischen weiblichen Entwertungen nicht fortsetzen zu müssen.

*Aus dem Verlagsprogramm*

*Julia Onken bei C.H.Beck*

**Altweibersommer**
Ein Bericht über die Zeit nach den Wechseljahren
2., unveränderte Auflage. 2004. 184 Seiten. Paperback
Beck'sche Reihe Band 1468

«Die Autorin versteht es meisterhaft, das,
was ein zufriedenes Altwerden ausmacht, in den letzten
Kapiteln expliziter zu erläutern.» *Der Landbote*

**Am Tag der weißen Chrysanthemen**
Ein Bericht über Liebe und Eifersucht
2007. 141 Seiten. Paperback
Beck'sche Reihe Band 1740

**Eigentlich ist alles schief gelaufen**
Mein Weg zum Glück
2. Auflage. 2005. 213 Seiten. Paperback
Beck'sche Reihe Band 1601

«Dieses Buch gehört zu den Lebensbeichten,
die Glückssuchenden bei der Suche nach einem eigenen Weg
helfen können.» *Börsen-Kurier*

**Feuerzeichenfrau**
Ein Bericht über die Wechseljahre
294.-314. Tausend. 2006. 207 Seiten. Paperback
Beck'sche Reihe Band 352

«Mit Feuer und Sprachwitz versteht sie es, der
‹Guillotine› Wechseljahre das Anrüchige zu nehmen und diese wichtige
Lebensphase ins richtige Licht zu rücken.»
*Basler Volksblatt*

**Geliehenes Glück**
Ein Bericht aus dem Liebesalltag
143.-152. Tausend. 2003. 222 Seiten. Paperback
Beck'sche Reihe Band 455

«Lesenswert für Erwachsene, die bereit und fähig sind, über sich selbst,
die Liebe und das Leben nachzudenken.» *Buchprofile*

*C.H.Beck*

*Julia Onken bei C.H.Beck*

**Vatermänner**
Ein Bericht über die Vater-Tochter-Beziehung und
ihren Einfluß auf die Partnerschaft
151.-163. Tausend. 2006. 205 Seiten. Paperback
Beck'sche Reihe Band 1037

Julia Onken «nimmt dem Alltag die Gewöhnlichkeit,
verleiht der Banalität spielerische Leichtigkeit ... Wie kaum
eine andere Sachbuchautorin schafft sie es, ihre Leser
und Leserinnen für das alltägliche Erleben zu sensibilisieren
und von da einen Bogen zu komplexen Theoriegebäuden
der Psychologie zu spannen». *Thurgauer Volksfreund*

**Zurück ins Gleichgewicht**
Vom Abnehmen und über das Glück,
das eigene Maß zu finden
2008. 139 Seiten. Paperback
Beck'sche Reihe Band 1861

«Onken trifft mit ihrem Buch den sensiblen Punkt
von Übergewichtigen. Hunger hat vor allem die Seele.»
*uh, Tages-Anzeiger*

Julia Onken, Maya Onken
**Hilfe, ich bin eine emanzipierte Mutter**
Ein Streitgespräch zwischen Mutter und Tochter
2006. 236 Seiten. Paperback
Beck'sche Reihe Band 1710

«Was konkret es zu tun gibt und was es für Frauen heißt,
sich ihre ‹Wahl› zu erkämpfen, dafür liefert das Buch viele
Anregungen.» *Frankfurter Allgemeine Zeitung*
«Ein spannender kontroverser Schlagabtausch.»
*Abendzeitung*

Nicholas D. Kristof/Sheryl WuDunn
**Die Hälfte des Himmels**

Wie Frauen weltweit für eine bessere Zukunft kämpfen
Mit einem Vorwort
von Margot Käßmann
Aus dem Englischen
von Karl Heinz Siber und
Grete Osterwald
3. Auflage. 2010. 359 Seiten, gebunden

«‹Die Hälfte des Himmels› ist ein flammender Appell
zur Bewahrung der Menschenwürde. Zugleich ist das Werk ein
Ratgeber, der Wege aus dem Elend aufzeigen will.»
*Deutschlandradio Kultur*

«Hervorragend geschrieben, mit allen wesentlichen
Fakten zum Status quo der Frauen dieser Welt – plus
Handlungsanweisungen.» *EMMA*

*C.H.Beck*